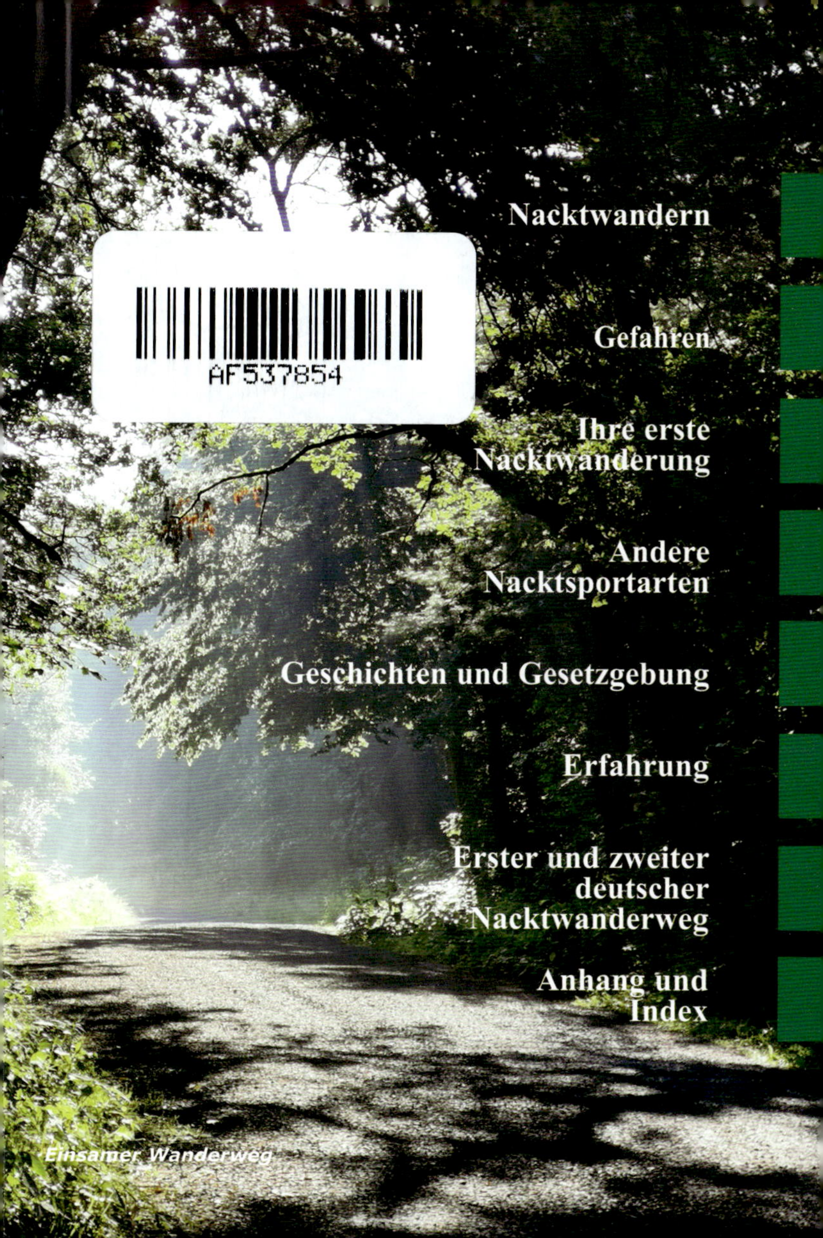
AF537854
Nacktwandern
Gefahren
Ihre erste Nacktwanderung
Andere Nacktsportarten
Geschichten und Gesetzgebung
Erfahrung
Erster und zweiter deutscher Nacktwanderweg
Anhang und Index
Einsamer Wanderweg

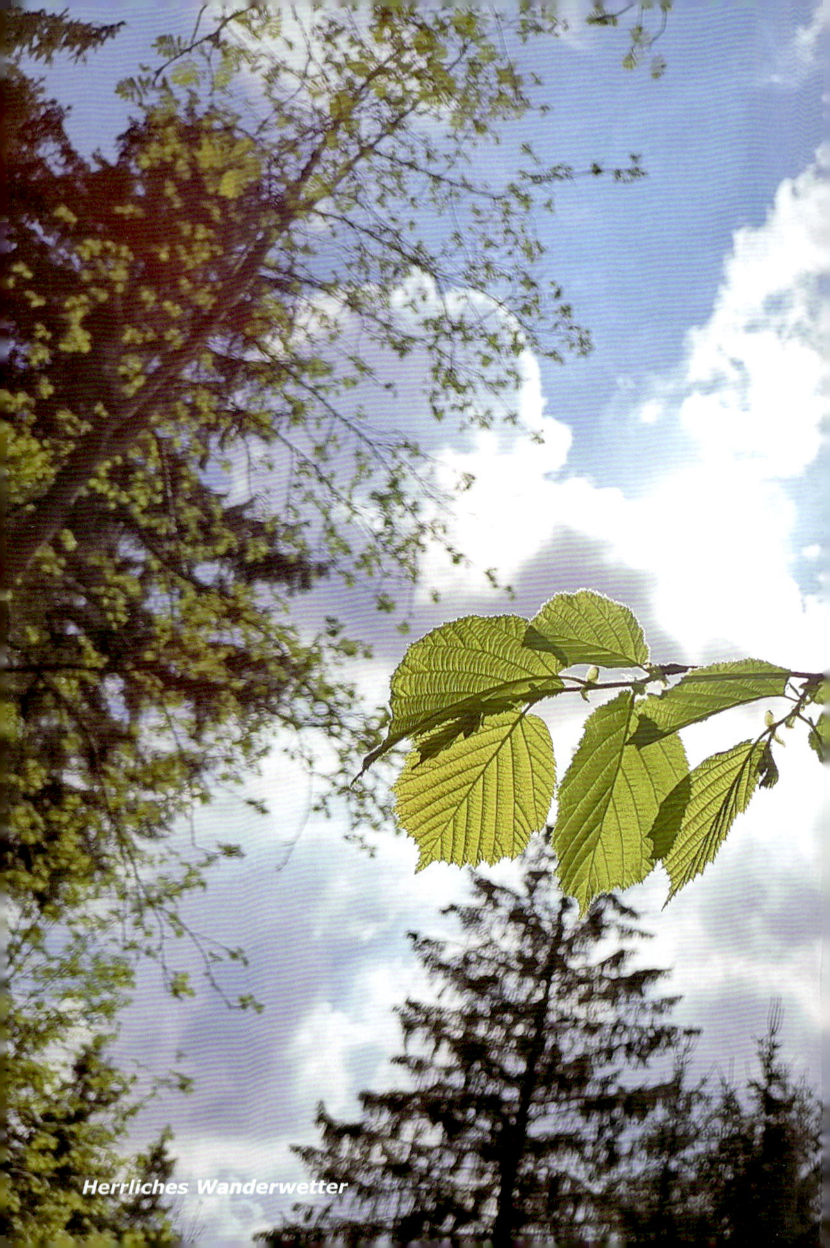

Herrliches Wanderwetter

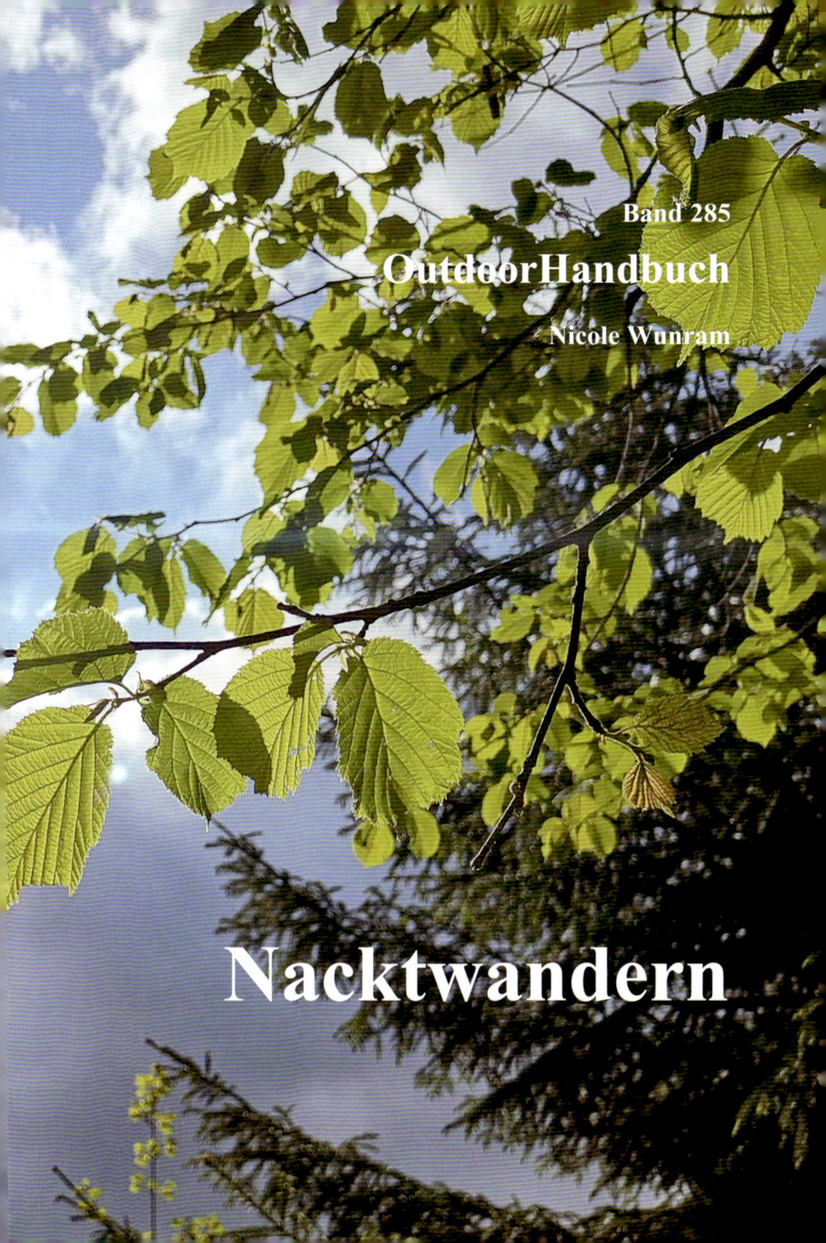
Band 285
OutdoorHandbuch
Nicole Wunram
Nacktwandern

Nacktwandern

Die Autorin und der Verlag sind für Lesertipps und Verbesserungen (besonders per E-Mail) unter Angabe der Auflagen- und Seitennummer dankbar.

Dieses OutdoorHandbuch hat 96 Seiten mit 52 farbige Abbildungen, sowie 1 farbige Übersichtskarte. Es wurde auf chlorfrei gebleichtem, FSC®-zertifiziertem Papier gedruckt, in Deutschland klimaneutral hergestellt und transportiert und wegen der größeren Strapazierfähigkeit mit PUR-Kleber gebunden.

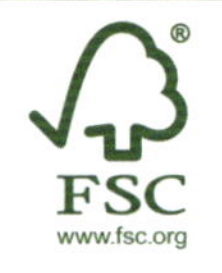

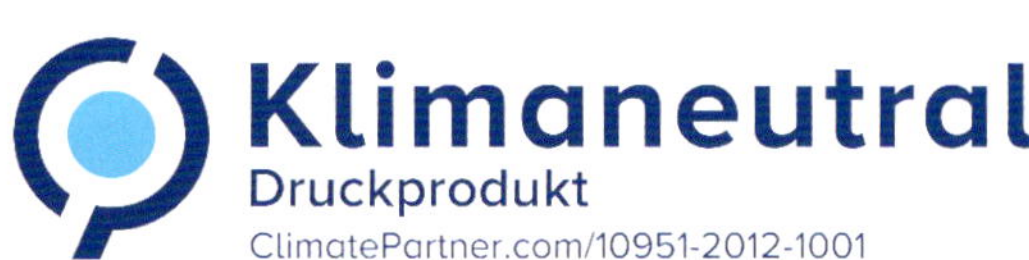

Dieses Buch ist im Buchhandel und in Outdoor-Läden erhältlich und kann im Internet oder direkt beim Verlag bestellt werden.

OutdoorHandbuch aus der Reihe „Basiswissen für draußen", Band 285

ISBN 978-3-86686-733-8 2., überarbeitete Auflage 2021

Text: Nicole Wunram
Fotos: Nicole Wunram und Markus Gründel
Karten: Heide Schwinn
Lektorat: Ricarda Kuschma
Layout: Alexandra Sauerland

Gesamtherstellung: gutenberg beuys feindruckerei

Dieses OutdoorHandbuch wurde konzipiert und redaktionell erstellt vom:

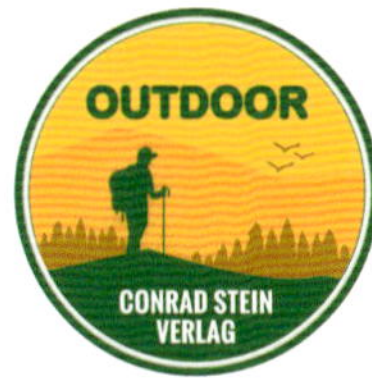

Conrad Stein Verlag GmbH, Kiefernstr. 6, 59514 Welver,
☏ 023 84/96 39 12,
info@conrad-stein-verlag.de,
www.conrad-stein-verlag.de

Besuchen Sie uns bei Facebook & Instagram:

www.facebook.com/outdoorverlag

www.instagram.com/outdoorverlag

Titelfoto: Erste Nacktwanderung

Inhalt

Vorwort

Vom Nacktwandern habe ich das erste Mal in der Zeitung gelesen. Von großer Neugier gepackt habe ich mich aufgemacht und nach weiteren Informationen gesucht. Bis zu meiner ersten Wanderung sollte aber noch ein halbes Jahr vergehen. Ich hatte über den Winter genügend Zeit, mich mit dem Thema auseinanderzusetzen und mich auf das erste Mal zu freuen, aber dazu später mehr. Menschen, die ein gesundes Verhältnis zu ihrem Körper haben und die Nacktheit genießen können, möchte ich das Nacktwandern gerne näherbringen. Dieses Buch ist gedacht als Ratgeber für Textilwanderer und als Einstieg für zukünftige Nacktwanderer. Sie haben mit dieser Sportart die Möglichkeit, die Bewegung in der Natur auf eine ganz besondere Weise zu erleben.

Beschilderung eines Nacktwanderweges

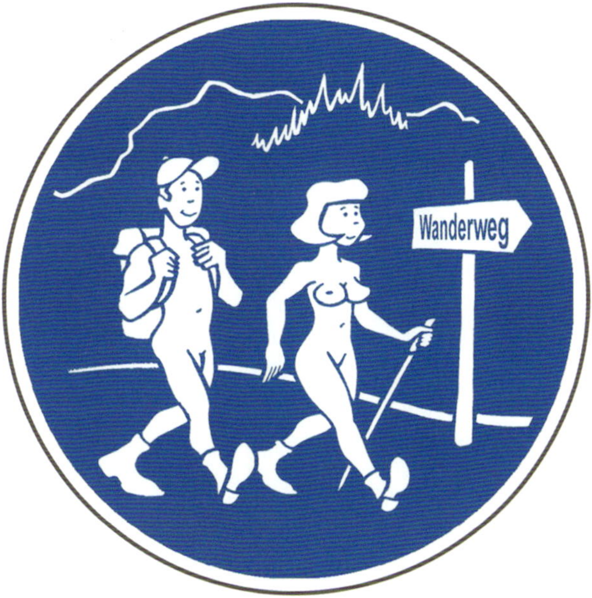

Die Gelegenheit, sich an ausgewiesenen und eingeschränkten Orten wie einer Saunalandschaft, dem FKK-Strand oder auf einem Vereinsgelände nackt zu bewegen, ist schon lange gegeben. Aber der Naturist möchte sich nicht länger einsperren lassen, sondern direkt die Natur genießen, allerdings ohne dabei groß auf sich aufmerksam zu machen. Nacktwanderer sind auf wenig frequentierten Wegen unterwegs, denn sie wollen nicht provozieren. Und doch liest der bekleidete Mensch immer öfter von Nacktsportarten in den Medien – sollte sich das Nacktwandern zu einem neuen Trend entwickeln? Auf das unbekleidete Wandern und seine Bewandtnis möchte ich in diesem Buch näher eingehen. Viel Spaß beim Lesen und Erleben wünscht Ihnen Ihre Nicole Wunram.

Grundlegendes

Der Verlag sowie die Autorin übernehmen keine Haftung für das Durchführen der in diesem Buch vorgestellten Sportarten. Geltende Gesetzte und Vorschriften sind einzuhalten. Die Ausübung des Sportes erfolgt auf eigene Gefahr. Für sämtliche Inhalte der Internetseiten, auf die in diesem Buch verwiesen wird, sind die jeweiligen Betreiber verantwortlich. An dieser Stelle möchte ich darauf hinweisen, dass Sie ein Sachbuch zu dem Thema Nacktwandern in der Hand halten. Sind Sie auf den Titel des Buches aufmerksam geworden, weil Sie sich viele nackte Menschen anschauen möchten, dann halten Sie das falsche Werk in der Hand.

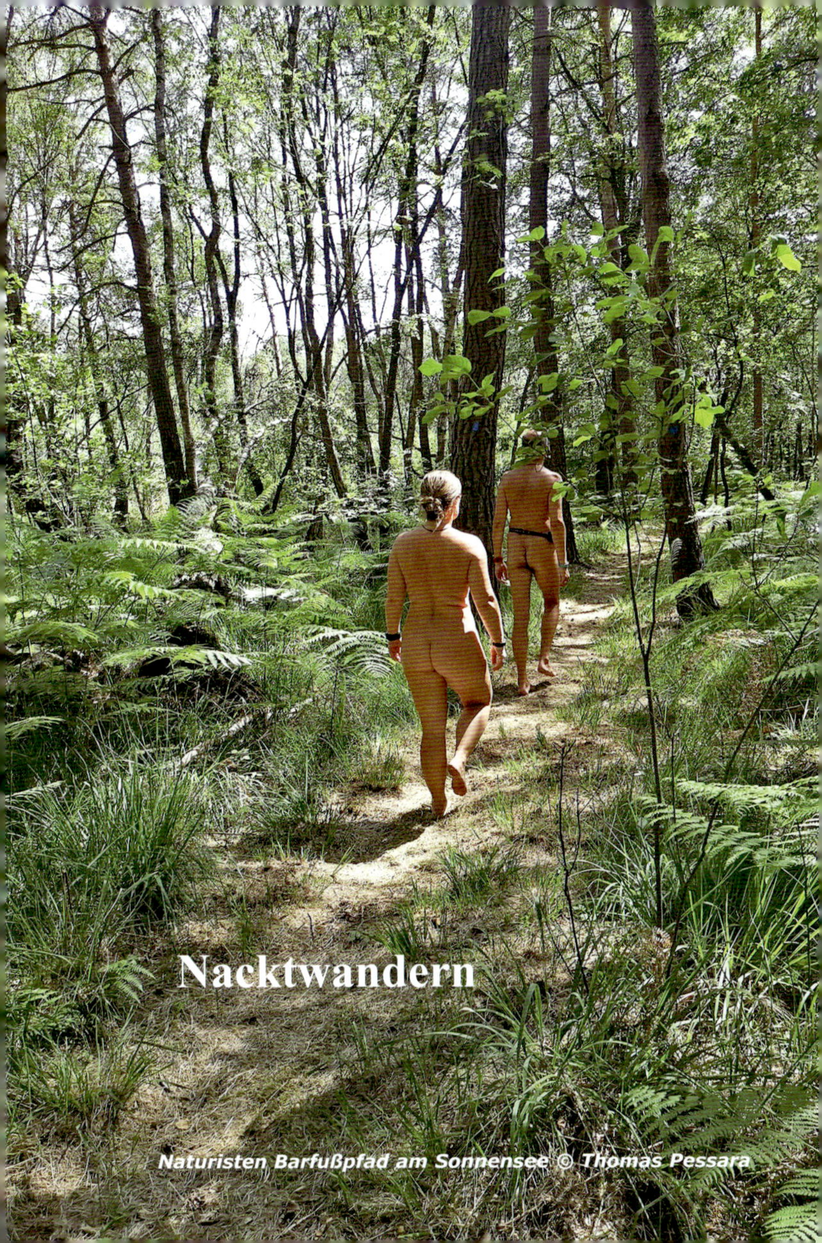
Nacktwandern
Naturisten Barfußpfad am Sonnensee © Thomas Pessara

Der Begriff Nacktwandern setzt sich aus dem Sport „Wandern" und dem Zustand „nackt sein" zusammen. Obwohl jedem beide Worte geläufig sind, möchte ich kurz auf deren Bedeutungen eingehen.

Das Wandern gilt als die natürlichste Art der Fortbewegung. Eine Wanderung misst eine Wegstrecke von ca. 5 bis 50 km, die am Tag zu Fuß zurückgelegt wird. Bei kleineren Distanzen bedarf es keiner weiteren Vorbereitung. Für größere Entfernungen sollten eine gute körperliche Verfassung und Fitness gegeben sein. Diese Sportart kann alters- und wetterunabhängig durchgeführt werden. Gerne wird das Wandern in Gruppen zelebriert. Am beliebtesten sind Wege in der Nähe von Waldgebieten, Gewässern oder Gebirgen, um die Natur mit allen Sinnen genießen zu können. Bevorzugt werden naturbelassene Wege, weil sie gelenkschonender sind. Im Vordergrund einer Wanderung stehen die Wahrnehmung der Natur, das Wohlbefinden und in einer Gruppe auch die Kommunikation.

Steiniger Untergrund

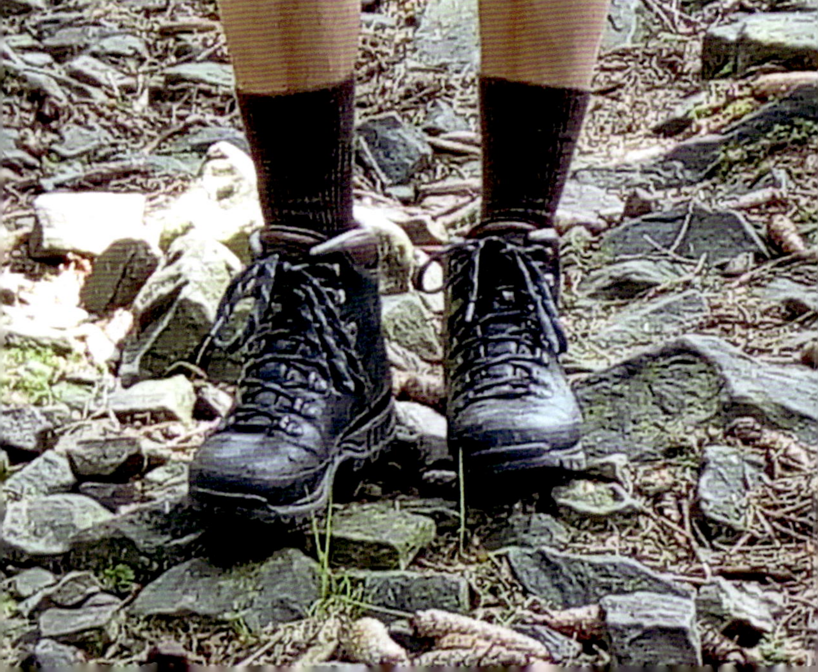

Nackt – eben ohne Kleidung – sind wir in verschiedenen Alltagssituationen. Unter der Dusche hat es sich als sehr praktisch erwiesen, in der Sauna ist es auch gang und gäbe und im Sommer mag der ein oder andere von Ihnen vielleicht schon mal nackt an einem See gelegen haben. Leider wird der Begriff „nackt" oft mit Exhibitionismus (Menschen, die Lust verspüren, sich anderen nackt zu zeigen) und Voyeurismus (Menschen, die Lust erleben, wenn sie nackte Menschen beobachten) in Verbindung gebracht. Davon möchten wir Nacktwanderer uns deutlich distanzieren. Wir sind nackt der Natürlichkeit wegen, ohne Gedanken an Sex oder Provokation.

Nacktwandern ist somit eine Möglichkeit, die Natur und den Körper intensiver wahrzunehmen und das angenehme Gefühl der Nacktheit mit dem gesunden Sport Wandern zu verbinden. Nacktwanderer gehen auf wenig frequentierten Wegen, denn sie wollen durch ihre Nacktheit nicht provozieren.

Warum gibt es Menschen, die sich zum Wandern ausziehen?

Wir sind alle nackt auf diese Welt gekommen und haben durch schnelles Ankleiden unserer Eltern das Gefühl des Nacktseins meist gar nicht kennenlernen und genießen dürfen. Wer weiß denn, wie weich eine Decke sein kann, wenn man seinen nackten Körper damit zudeckt oder wie sich Wind und Regen auf nackter Haut anfühlen? Wenige, da viele der Meinung sind, außer unter der Dusche nicht nackt sein zu müssen. Dabei ist die Haut unser größtes Sinnesorgan. Dieses kann sich in der Natur am besten entfalten, da das ganze Spektrum des Wetters wahrgenommen werden kann. Weiterhin fühlt sich der Wanderer eins mit seiner Umwelt und erlebt z. B. Tiere, Geräusche und Pflanzen viel intensiver. Beim Nacktwandern verbinden wir das tolle Gefühl der Nacktheit mit dem uralten Sport. Es gibt Wanderer, die auf ihre Schuhe verzichten und barfuß laufen. Sofern es der Untergrund und die Temperatur zulassen, gehen einige Wanderer nackt vom Scheitel bis zur Sohle, um den ganzen Körper an der intensiven Wahrnehmung teilhaben zu lassen. Die Füße sollten auf die erste große Wanderung vorbereitet werden, damit sich eine Schutzschicht/Hornhaut bilden kann. Für weniger geeignete Untergründe sollte im Gepäck ein leichtes Paar Sandalen vorhanden sein.

Wie geht Nacktwandern?

Ganz einfach. Nach der Wahl eines Wandergebietes und ggf. dem Parken des Fahrzeuges begibt man sich nackt auf den möglichst abgelegenen Weg. Je nach Belieben mit oder ohne Schuhe „bekleidet“. Im Rucksack sollte sich neben der Verpflegung leichte Kleidung befinden, die z. B. während einer Rast in einer Lokalität übergezogen werden kann – denn Nacktwanderer nehmen Rücksicht auf Textilwanderer. Für die erste Wanderung empfehle ich, sich einer Gruppe anzuschließen.

Für wen ist das Nacktwandern geeignet?

Schöne Blüten

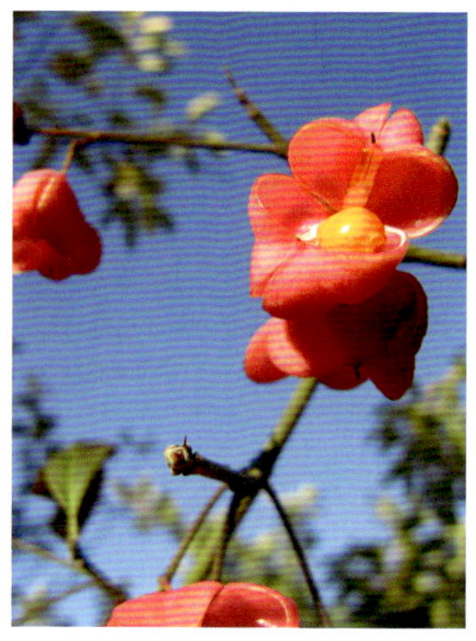

Grundsätzlich ist das Nacktwandern für jeden Menschen geeignet. Ich bin auf mehreren Wanderungen sowohl Kindern als auch Senioren begegnet. Das Alter spielt bei dieser Sportart keine Rolle, eher die persönliche Fitness. Jeder Wanderer ist angehalten selbst zu beurteilen, ob die Wegstrecke für ihn zu schaffen ist. Informationen über die Länge der Wanderung und die Beschaffenheit der Wege gibt es bei organisierten Wanderungen gerne im Voraus vom Initiator. Neben dem Alter ist das Geschlecht genauso nebensächlich. Es wandern sowohl Männer wie Frauen durch die Natur, wobei die Anzahl der männlichen Teilnehmer oft höher ist. Weiterhin ist es keine Voraussetzung, eine sogenannte Traumfigur mitzubringen. Ob Sie nun dünn oder dick (in den Augen der heutigen Fitness-Gesellschaft) oder genau richtig gewachsen sind, ist Nebensache und liegt ja bekanntlich im Auge des Betrachters. Nacktwanderer akzeptieren jeden Menschen so wie er ist. Sollten Sie sich unsicher fühlen, spricht auch nichts dagegen, wenn Sie bei Ihrer ersten Wanderung bekleidet sind, denn Nacktwanderer sind tolerant und offen für Gespräche. Gerne können Sie sich bei Ihrer ersten Teilnahme von den Mitwanderern berichten lassen, wie sie vergangene Wanderungen erlebt haben.

Kinder und Jugendliche

Vielleicht haben Kinder und Jugendliche noch ein viel natürlicheres Verhältnis zur Nacktheit, weil ihre Geburt – die bekanntlich ebenfalls unbekleidet stattfindet – noch nicht so lange in der Vergangenheit liegt wie bei den Erwachsenen. Leider geben wir unseren Kindern selten die Gelegenheit, das nackte Gefühl zu genießen, da die konventionellen Erziehungsansprüche dies nicht in Erwägung ziehen. Nur Kinder, die mit Naturisten groß geworden sind, erleben selbstverständliche Nacktheit. In ihrer Jugend haben diese Kinder weniger Probleme mit der Veränderung ihres Körpers in der Pubertät. Leider akzeptieren viele Erwachsene den Wunsch eines Jugendlichen nackt zu sein nicht, sondern stören sich eher daran. Kinder dürfen sich gerne nackt am Strand herumtollen, aber Jugendliche auch? Ja, selbstverständlich! Gerade jetzt ist es wichtig, das positive Gefühl zum eigenen Körper beizubehalten bzw. zu entwickeln.

Mitten in der Natur

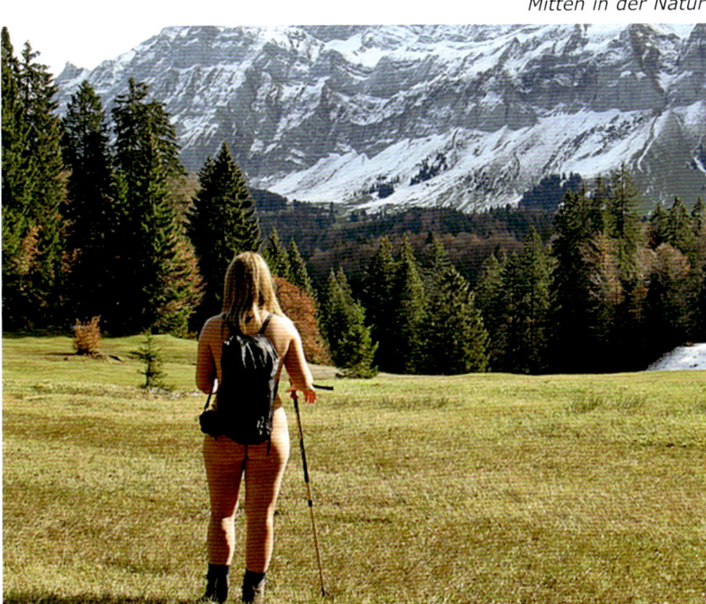

Erwachsene und Senioren

Für viele Erwachsene ist es vielleicht eine neue Erfahrung, sich außerhalb der eigenen vier Wände nackt zu bewegen. Unter Umständen kostet es ein wenig Überwindung und fühlt sich am Anfang sehr ungewohnt an. Doch Sie werden sehr schnell folgende sehr positive Erfahrung machen: Nackt sind wir alle gleich. Da zählt kein Schulabschluss, kein Titel oder ob Sie nach der neuesten Mode gekleidet sind. Sobald das Gefühl sich nicht mehr so fremd anfühlt, werden Sie neben Ihren Mitmenschen auch Ihre Umwelt auf eine ganz besondere Weise wahrnehmen.

Nacktheit kennt keine Altersgrenzen. Auch mit über 100 Jahren dürfen Sie noch Nacktwandern, entsprechende Kondition vorausgesetzt. Jeder ist willkommen, sein Leben durch Naturismus zu bereichern.

Dicke und dünne Menschen

Nacktwandern ist keine Modenschau oder besser gesagt keine Fleischbeschau. Naturisten achten jeden Menschen so, wie er ist, gleich, welche Figur er mitbringt. Dazu gehört auch, sich bei einer Unterhaltung in die Augen zu schauen und nicht den Körper zu scannen. Eine Grundvoraussetzung ist es, seinen eigenen Körper zu lieben und zu akzeptieren, wie er ist, dann strahlen Sie diese Sicherheit auch anderen gegenüber aus. In der Gemeinschaft von Nackten erfahren Sie Respekt und Toleranz untereinander.

Untrainierte oder Menschen mit Behinderung

Sie haben Bedenken, dass Sie die ausgewiesene Strecke nicht schaffen? Dann nehmen Sie bitte Kontakt mit dem Organisator auf und erfragen Details zu der Wanderung. Sie können Informationen zur Länge der Wanderung, zur Beschaffenheit der Wege und ggf. ein Höhenprofil erhalten. Die meisten Wanderungen sind so geplant, dass eine Abkürzung jederzeit möglich ist, schon allein um auf Wetteränderungen reagieren zu können. Oft wird die Wegführung auch als eine Acht geplant. Somit haben Sie die Option, sich nach der ersten Wegstrecke zu entscheiden, ob Sie die zweite noch mitlaufen möchten.

Wann und wo können Sie nacktwandern?

Grundsätzlich immer und überall, wo sich keiner gestört fühlen kann. Das Wann ist einfacher zu beantworten als das Wo. Zu jeder Jahreszeit und bei jedem Wetter ist das Wandern möglich, nackt wie bekleidet. Es kommt auf Ihr eigenes Temperaturempfinden an, ab wann es Ihnen zu kalt ist, ohne Kleidung zu laufen. Dieses gilt auch für den Regen und den Wind. Solange Sie sich bewegen, die Muskeln warm bleiben, sollte Ihnen ein Regenschauer auch bei niedrigeren Temperaturen nicht so viel ausmachen. Wichtig ist, dass Sie sich nicht in diesen Momenten unterstellen und eine Pause machen, denn wenn der Körper einmal kalt geworden ist, dauert es sehr lange, ihn wieder in eine Wohlfühltemperatur zu bringen. Nacktwanderer sind darauf bedacht, wenig frequentierte Wege zu laufen, um keine bekleideten Menschen zu stören oder zu überfordern. Erste Priorität ist das Genießen der Natur und das eigene Wohlbefinden. Daher schränkt das die Frage nach dem Wo ein und erfordert einen gesunden Menschenverstand.

Einfach schön anzusehen

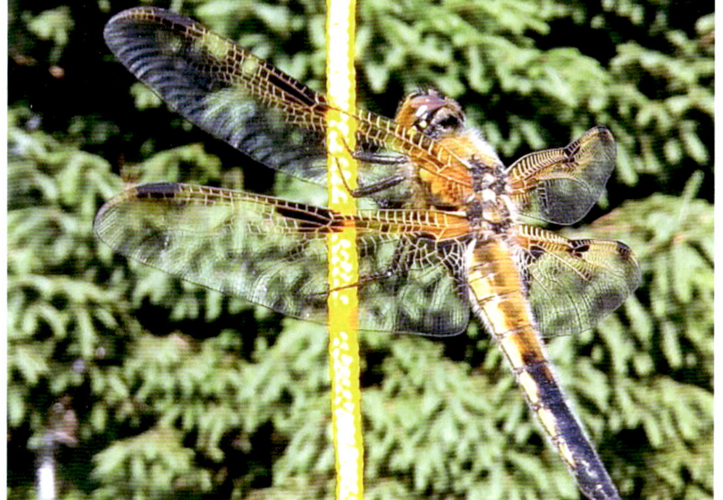

Offizielle Nacktwanderwege befinden sich in der Lüneburger Heide und im Harz. Dort sind die Wege ausgeschildert mit „Warnhinweisen" für Textilwanderer.

Muss ich mich nackt schämen?

Nein, selbstverständlich nicht. Unser Leben hat nackt begonnen. Auch wenn sich der Körper sicher seitdem verändert hat und er ggf. unserer Vorstellung nach nicht der Norm entspricht, gibt es keinen Grund, sich seiner Natürlichkeit zu schämen. Die Scham ist nicht angeboren, lediglich die Fähigkeit, sich zu schämen. Wofür wir uns letztendlich schämen, ist uns anerzogen. Unser Körper sollte nicht dazugehören, egal ob bekleidet oder ausgezogen.

Ganz schön windig

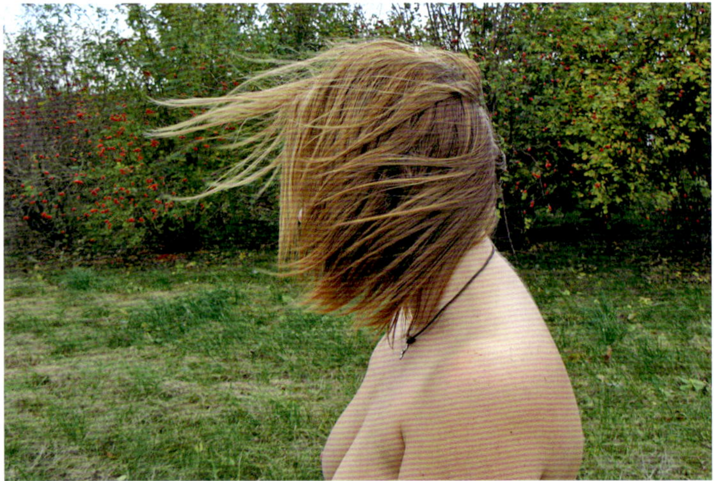

Unterschiede Nackt – Bekleidet

Die intensivere Wahrnehmung des Wetters ist wohl der größte Unterschied, den Sie zwischen einer bekleideten und einer nackten Wanderung feststellen können. Um einen Vergleich zu spüren, sollten Sie mal den Regen in Jeans und T-Shirt wahrnehmen und danach die Tropfen auf nackter Haut erleben. Oder genießen Sie die Sonne mal unbekleidet, Sie werden feststellen, wie angenehm die Sonnenstrahlen mit einem leichten Wind auf der Haut zu spüren sind. Die Sinne werden nackt noch mehr angesprochen, ja sogar geschärft. Weiterhin werden Sie froh sein, die verschwitzte oder nasse Kleidung nicht mehr zu spüren. Nackt wird die Haut schneller getrocknet und fühlt sich frischer an.

Vorteile beim Nacktwandern

Der am meisten hervorzuhebende Vorteil ist das intensive Spüren der Natur. Insbesondere das Erleben des Wetters. Die Sonne streichelt den ganzen Körper mit ihren Strahlen, der leichte Regen fühlt sich sanft an auf der Haut. Ein Windstoß schmeichelt den Körper und zaubert je nach Temperatur einen leichten Schauer oder eine Hitzewelle hervor. Aber auch ein Rucksack, der die Kleidung und die Verpflegung beinhaltet, wird viel mehr in seinen Einzelheiten wahrgenommen.

Neben den neu entdeckten Gefühlen bieten sich aber ebenso praktische Vorteile. So bedarf es im Vorfeld der Wanderung nicht der Überlegung, welche Kleidung Sie anziehen möchten – wohl eher ein Frauenproblem ☺, sondern eher welche Kleidungsstücke sich praktisch ausziehen lassen. So habe ich vor den Wanderungen auch schon Männer in Wickelröcken gesehen, da diese sich, ohne dass man sich aus dem Schuhwerk quälen muss, schnell entfernen lassen. Weiterhin klebt die Kleidung nicht auf der Haut und sie kneift auch nicht. Durch den Verzicht störender Textilien fühlt sich das Schwitzen angenehmer (bis nicht vorhanden) an, da die Luft, die an den Körper gelangt, die Nässe schneller verdunsten lässt. Nicht so mit Hemd oder T-Shirt, die den Schweiß direkt aufnehmen und auf dem Körper kleben. Nach der Wanderung bedarf es keiner Wäsche von verschwitzten Kleidungsstücken, sodass auch der Umweltaspekt nicht unbeachtet bleiben soll. Ihre Gesundheit profitiert ebenfalls von einer unbekleideten Wanderung. Der Körper kann sich besser auf den Temperaturausgleich konzentrieren (eine Fähigkeit, die uns zivilisierten Menschen immer mehr abhandenkommt). Durch ein intensiveres Gefühl ohne Kleidung werden Bewegungsabläufe besser wahrgenommen und der Körper reguliert sich schneller selbst. Ein weiterer Vorteil, der sehr wesentlich ist: Nackt sind wir alle gleich. Wir werden für die Zeit des Nacktseins nicht nach unserem Äußeren beurteilt. Sind wir standesgemäß gekleidet? Nein, wir sind ordentlich entkleidet!

Nachteile beim Nacktwandern

Wie so oft im Leben gibt es auch Nachteile. So auch beim Nacktwandern. Der Bedarf an Sonnencreme ist wesentlich höher wie bei bekleideten Menschen, da der ganze Körper der Sonne ausgesetzt ist und eingecremt werden sollte. Beim Wandern in der Dämmerung stellen wir für die Mücken ein Schlaraffenland dar, gegen die wir uns leider nur mit Kleidung oder Chemie schützen können. Gerade gegen Abend kennen die Mücken keine Gnade. Als Nachteil sei noch erwähnt, dass Dornen, Disteln und Brennnesseln direkten Hautkontakt bei den Nacktwanderern genießen – aber seien Sie sich sicher, dieses Nachteils sind Sie sich schnell bewusst und haben ganz automatisch ein Auge darauf. Weiterhin lässt sich dieser Sport leider nicht bei jeder Witterung ausführen. Im Winter bei Minusgraden ist es durchaus gefährlich, sich ohne schützende und wärmende Kleidung länger im Freien aufzuhalten. Für alle anderen Jahreszeiten mag jeder seinen gesunden Menschenverstand einsetzen und selbst entscheiden, ob es ohne gesundheitliche Probleme vertretbar ist, sich ohne Kleidung in der Natur zu bewegen.

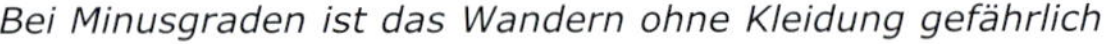

Bei Minusgraden ist das Wandern ohne Kleidung gefährlich

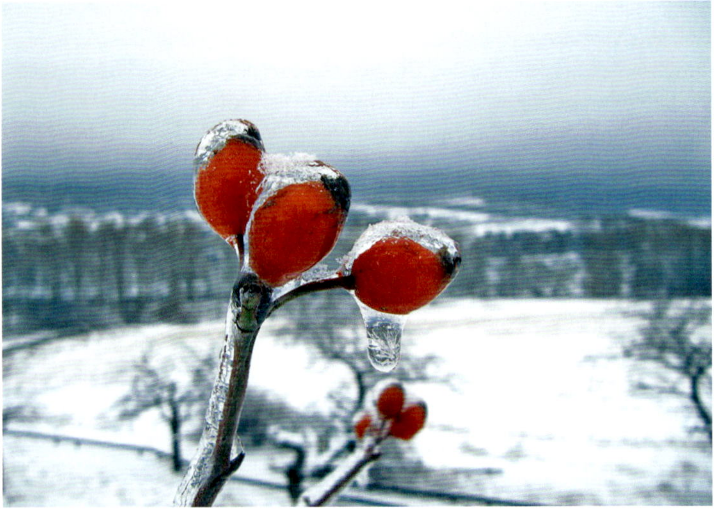

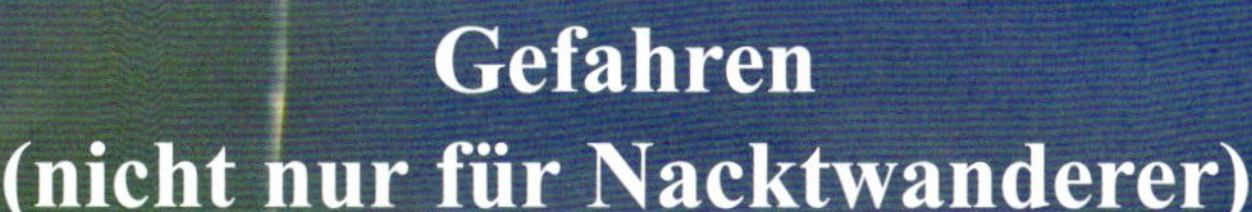

Gefahren
(nicht nur für Nacktwanderer)

Die Hirschlausfliege

Die Zecke

Zecke

Zecken gehören zu den Spinnentieren. Ihre aktive Zeit liegt zwischen März und November. Lieblingsaufenthaltsorte der Parasiten sind das Gestrüpp, Gräser und das Unterholz. Durch Erschütterungen, Duftstoffe und Körperwärme erkennen sie ihre Opfer – dazu gehören auch mit Vorliebe wir Menschen. Insbesondere Körperstellen, die warm und feucht sind, wie z. B. die Kniekehlen, Armbeugen und der Haaransatz sowie der Platz hinter den Ohren, sind sehr begehrt. Wandern wir an den Aufenthaltsorten der Tiere vorbei, streifen wir diese ungewollt von den Pflanzen ab und schon hat die Zecke den Körper zur Verfügung, um sich einen angenehmen Platz zum Schlemmen zu suchen. Sobald Sie eine Zecke am Körper entdecken, die sich bereits festgebissen hat, sollten Sie diese möglichst mit einer Zeckenzange oder Zeckenkarte entfernen und ggf. für spätere Untersuchungen im Falle einer Erkrankung zwischen zwei Klebestreifen fixieren. Der Vorteil beim Nacktwandern liegt darin, dass sich die Zecke nicht in der Kleidung verkriechen kann, um in Ruhe den Körper zu erwandern. Eine Zecke ist auf nackter Haut besser erkennbar und kann so zeitnah entfernt werden.

Die Gefahr bei einem Zeckenbiss liegt in der Krankheitsübertragung von Borreliose und FSME. Bei einer bakteriellen Infektion mit Borrelien bekommen Sie an der Einstichstelle eine Rötung, die größer werden kann und auch wieder verschwindet, sodass Sie unter Umständen von der Erkrankung gar nichts mitbekommen, wenn die Stelle für Sie nicht einsehbar ist. Weitere Symptome ähneln der Grippe. Die Behandlung erfolgt mit Hilfe von Antibiotika. Bei der Frühsommer-Meningoenzephalitis (FSME) handelt es sich um Viren, die nicht in ganz Deutschland vorkommen. Beim Arzt, in der Apotheke oder im Internet gibt es Landkarten

(💻 www.zecken.de), wo Sie die Risikogebiete einsehen können. Sollten Sie in einem dieser Gebiete wandern wollen (oder wohnen), empfiehlt es sich, sich gegen FSME impfen zu lassen. Informationen dazu erhalten Sie bei Ihrem Arzt oder Apotheker. Zur Vorbeugung gegen Zecken bietet der Markt allerlei Insektenschutzmittel, die einem sämtliche Insekten vom Leibe halten sollen.

Die Hirschlausfliege

Hirschlausfliege

Der Hirschlausfliege begegnen Sie hauptsächlich im Wald. Es handelt sich um ein Insekt, das ca. 5 bis 8 mm Körperlänge aufweist. Hirschlausfliegen haben einen fliegenähnlichen Körper mit sechs Beinchen, an denen sich kleine Widerhaken befinden. Am Kopf tragen die Fliegen einen Stechrüssel. Ihre aktive Zeit liegt zwischen August und Oktober. Die Insekten ernähren sich von Blut und benötigen ein Säugetier, somit auch uns Menschen, als Wirt. Gerne halten sich die Fliegen an den menschlichen Haaren fest, um sich dann einen geeigneten Platz am Körper zu suchen. Sobald sie einen Wirt angeflogen haben wirft das Insekt die Flügel ab. Bei einem Biss durch die Hirschlausfliege kann das Bakterium Bartonella schoenbuchensis übertragen werden. Bei Wild soll es eine eitrige Hautkrankheit mit Fieber hervorrufen. Die Folgen für uns Menschen sind noch unerforscht. Sobald eine Rötung der Einstichstelle auftritt – dies kann bis zu drei Tage dauern – sollten Sie ihren Hausarzt aufsuchen. Die Vermehrung findet auf dem ausgesuchten Opfer statt, die lebend geborenen Larven fallen nach der Verpuppung auf den Boden, um sich dort weiterzuentwickeln.

Die Mücke

Mücke

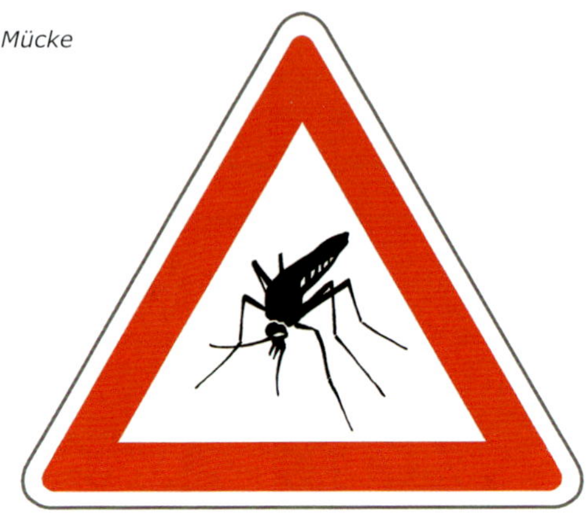

Wer kennt sie nicht, die Mücke, klein und lästig. Doch es sind nur die weiblichen Wesen, die uns Menschen so gerne haben. Die männlichen Mücken ernähren sich von Nektar, zuckerhaltigen Pflanzen und Fruchtsäften. Sie haben nicht das geeignete Mundwerkzeug, um zu stechen. Vorzugsweise sind die Insekten in der Morgen- und Abenddämmerung sowie an feuchtwarmen Tagen auf der Suche nach einer Blutmahlzeit. Sie folgen hier dem Antrieb ihres mütterlichen Instinktes. Die Mücke dringt mit ihrem Saugrüssel unter unsere Haut, weil sie für die Entwicklung ihrer Eier das Protein aus unserem Blut benötigt. Durch Substanzen im Speichel des Insektes wird in unserem Körper eine allergische Reaktion hervorgerufen und es entsteht ein Juckreiz. Um sich vor den Mückenschwärmen zu schützen, gibt es eine Reihe von Mittelchen zu kaufen, die Sie vorsorglich auf den Körper auftragen können. Nach einem Stich können Sie die Stelle kühlen, z. B. durch Auftragen des eigenen Speichels (Verdunstungskälte), oder mit einer entzündungshemmenden und kühlenden Salbe versorgen. Auf jeden Fall sollten Sie es vermeiden, den Stich aufzukratzen, da sich die Wunde sonst entzünden kann.

Die Biene, Wespe und Hornisse

Der optische Unterschied der drei Tiere ist die Farbgebung und die Größe, so sind Hornissen und Wespen schwarz-gelb gestreift und Bienen schwarz-braun. Wespen und Bienen ähneln sich von der Größe, Hornissen sind mit bis zu 30 mm wesentlich größer. Ein weiterer Unterschied – eher für die Tiere – ist die Lebens-

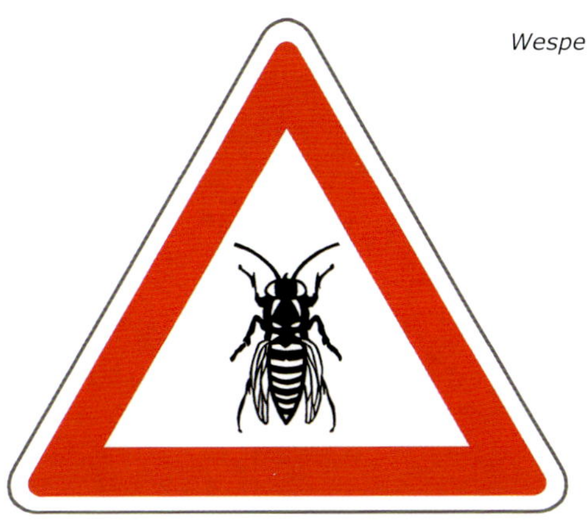

Wespe

erwartung nach einem Stich. Bienen sind deutlich benachteiligt, da der Stachel einen Widerhaken hat und ihnen nach dem Stich aus dem Hinterleib gerissen wird. Das hat den Tod des Insektes zur Folge. Wespen und Hornissen können mehrmals zustechen. Für alle drei Insekten gilt, Sie sollten nicht in Panik verfallen, wenn Sie von ihnen umkreist werden. Solange die Tiere sich nicht bedroht fühlen, stechen sie nicht zu. Wildes Wedeln allerdings kann die Insekten in Panik versetzen und sie wollen sich verteidigen. Insbesondere für Menschen mit einer Allergie kann ein Stich tödliche Folgen haben, sofern nicht eine sofortige ärztliche Hilfe gewährleistet ist. Um Linderung zu verschaffen, kann die Einstichstelle gekühlt werden. Alternativ können Sie, sofern Sie eine dabeihaben, eine halbe Zwiebel auf die Stelle legen, das hilft gegen die Schwellung. In der Natur können Sie auch direkte Hilfe gegen den Juckreiz finden, indem Sie vom Wegesrand Spitzwegerichblätter pflücken, zerreiben und auf den Einstich legen. Um einen Stich zu vermeiden, sollten Sie, bevor Sie Speisen genießen oder sich mit Getränken erfrischen, immer einen Blick darauf werfen, ob sich nicht ein Insekt den Genuss mit Ihnen teilen möchte.

Die Dornen, Brennnessel und andere Weggefährten

Dornen und Brennnesseln können sehr unangenehm auf der nackten Haut werden. Auf engen Wegen lässt sich manchmal ein Kontakt nicht vermeiden, doch der Nacktwanderer entwickelt ein besonderes Auge für die Wegführung und umgeht, wenn es möglich ist, Dornen, Brennnesseln und auch Disteln. Gefahren gehen von ihnen nur in geringer Form aus. Bei den Dornen ist es wichtig darauf zu achten,

Herkuleskraut

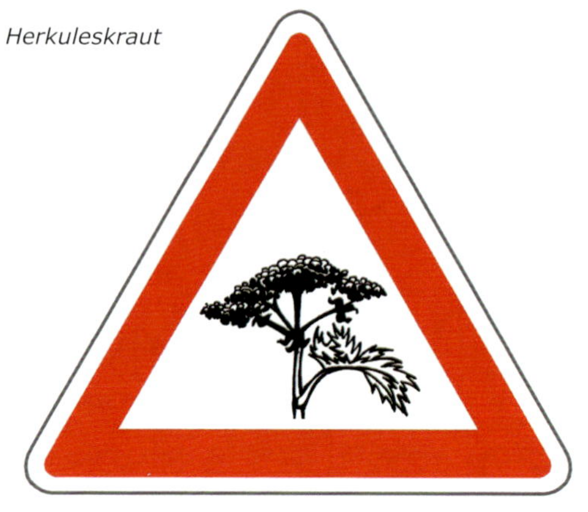

dass in eventuell blutende Wunden nach einem Kontakt kein Dreck gelangt. Brennnesseln jucken bei Kontakt und die Körperstelle kann gekühlt werden durch das Auftragen des eigenen Speichels. Disteln sind insbesondere für Barfußläufer schmerzhaft. Alle drei sind aber nicht gesundheitsgefährdend.

Ganz im Gegenteil zum Herkuleskraut, auch als Bärenklau bekannt. Dieses ist gerade im Zusammenhang mit der Sonne sehr giftig. Die Pflanze hat einen bis zu 10 cm dicken Stängel und wird bis zu 4 m hoch. Sie trägt weiße Blüten in der Zeit zwischen Juli und September. Der Saft der Pflanze, der bei Berührung auf der Haut landet, ist sehr giftig. Bei Sonnenlichteinwirkung kann eine juckende Rötung bis zu einer Verbrennung zweiten Grades der Haut entstehen. Nach einem Kontakt mit der Pflanze ist also absoluter Sonnenschutz notwendig. Wenn Sie die Möglichkeit haben, waschen Sie die Stellen vor dem Anziehen mit Wasser ab. Auf jeden Fall sollten Sie so bald wie möglich einen Arzt aufsuchen.

Die Sonne

Die Sonne ist als Gefahr nicht zu unterschätzen, weil Sie als Nacktwanderer mit der Haut des ganzen Körpers der Sonne ausgesetzt sind. Die UV-A Strahlen bewirken die kurzfristige Bräune, sind gefährlich bei Sonnenallergie und tragen zur Hautalterung bei. Für die länger anhaltende Bräune, aber auch für den schmerzhaften Sonnenbrand und die Entstehung von Hautkrebs, sind die UV-B-Strahlen zuständig. Für beide gilt, dass die Strahlung in der Mittagszeit am höchsten ist. Wie können Sie sich schützen? Kleidung scheidet beim Nacktwandern aus.

Sonne

Die Wahl des richtigen Sonnenschutzes ist entscheidend und hängt letztendlich von Ihre Hauttyp ab, da die Menschen durchaus unterschiedlich auf Sonnenlicht reagieren. Hier unterscheidet die Deutsche Krebsgesellschaft bei Mitteleuropäern zwischen vier Hauttypen. Den höchsten Lichtschutz mit mindestens dem Faktor 30 benötigen Personen mit dem Hauttyp 1. Dabei handelt es sich um Wanderer ohne Vorbräune, mit sehr heller Haut, Augen und Haaren und vielen Sommersprossen. Mit dem Schutzfaktor 25 kommen Menschen mit dem Hauttyp 2 aus. Diese unterscheiden sich nur von den ersteren, indem Sie eine leichte Vorbräunung besitzen und der Sonnenbrand erst nach ca. 20 Minuten ohne Schutz eintritt. Hauttypen der Gruppe 3 und 4 sind Personen mit dunklen Haaren und dunkler Haut. Hier besteht die Gefahr eines Sonnenbrandes erst nach 30 bzw. 45 Minuten ohne Eincremen. Um eine gute Wirkung des Sonnenschutzes zu erzielen, ist es notwendig, dass Sie sich ca. 30 Minuten bevor Sie sich der Sonne aussetzen mit dem für Sie entsprechenden Schutzfaktor eincremen.

Die Gefahr in der Sonne kann durch die Einnahme von Medikamenten erhöht werden. So kann die Haut bei Einnahme von Psychopharmaka, Antihistaminika und Antibiotika lichtempfindlicher reagieren. Als weiterer Schutz dienen eine gute Sonnenbrille und eine Kopfbedeckung. Sollten Sie doch mal einen Sonnenbrand erleiden, ist es wichtig viel zu trinken, die Haut zu kühlen (vielleicht ist ja ein See in der Nähe) und sich dann doch Kleidungsstücke anzuziehen, damit Sie nicht weiterhin der Sonne schutzlos ausgeliefert sind. Zu Hause sollten Sie dann eine kühlende und entzündungshemmende Salbe auftragen und ggf. den Arzt aufsuchen.

Was sollten Sie dabeihaben?

Nun werden Sie vielleicht denken, was muss ich denn einpacken, wenn ich nackt unterwegs sein möchte? Doch ganz ohne Rucksack möchte ich Ihnen nur eine kurze Wanderung ans Herz legen. Sehr wichtig ist ausreichend Essen und Trinken für den Tag dabeizuhaben. Ich empfehle Ihnen Wasser einzupacken, da es bei Verletzungen auch zum Auswaschen der Wunden oder zur Kühlung nach Insektenstichen genutzt werden kann. Bei sonnigem Wetter benötigen Sie ausreichend Sonnencreme mit dem für Ihren Hauttyp vorgesehenen Sonnenschutzfaktor (siehe auch unter Gefahren: die Sonne) und ggf. eine Sonnenbrille. Denken Sie bitte daran, dass Sie den ganzen Körper mit Creme versorgen müssen und bei längeren Wanderungen noch einmal nachschmieren, um genügend Schutz zu gewährleisten. Gegen verschiedene Insekten sollten Sie sich mit einem Schutzmittel besprühen und eine kühlende und entzündungshemmende Salbe gegen Stiche dabeihaben.

Auf einer Wanderung werden gerne Pausen eingelegt. Sollten Sie in einem Lokal einkehren wollen, ist es notwendig, zumindest leichte Kleidung im Gepäck zu haben, denn Nacktwanderer sind tolerant und nehmen Rücksicht auf bekleidete Mitmenschen. Am besten eignet sich für Frauen ein (Wickel-) Rock, kombiniert mit T-Shirt, oder ein leichtes Kleid und für Männer die kurze Hose mit einem Hemd oder T-Shirt. Einen Hut oder ein Cappy als Sonnen- oder Regenschutz sollte im Gepäck ebenfalls nicht fehlen. Zu empfehlen ist auch ein Regenschirm oder eine leichte Regenjacke, wenn Sie den Regen auf der nackten Haut nicht so gerne haben. Ein Sitzkissen (ggf. ein Ausschnitt aus einer Isomatte) oder eine kleine Decke reicht für eine Rast im Wald völlig aus. Alternativ können Sie auch ein Handtuch nutzen, welches zusätzlich nützlich ist, wenn Sie an einem schönen Badesee vorbeikommen und sich erfrischen möchten. Als sehr hilfreich haben sich auch Feuchttücher und Desinfektionsgels erwiesen. So können Sie immer unterwegs Ihre Hände reinigen z. B. vor einer Rast.

Sollten Sie sich barfuß auf den Weg machen, kann es nicht schaden leichte Schuhe oder Sandalen dabei zu haben, falls der Weg etwas unangenehmer wird. Grundsätzlich gehören in jeden Rucksack der Personalausweis (sollten Sie immer dabeihaben, auch als Textilwanderer) und eine Geldbörse mit Inhalt für eventuelle Zwischenstopps in Eisdiele oder Gaststätte. In einem Erste-Hilfe-Kit sollten Sie neben Pflastern und Verbänden auch eine Zeckenzange oder -karte dabeihaben.

Eine Wanderkarte vom erwanderten Gebiet und ggf. zusätzlich ein GPS-Gerät sind u. U. auch sehr nützlich, je nach vorhandenen Ortskenntnissen und Orientierungssinn. Selbstverständlich freue ich mich, wenn Sie auch dieses Buch auf Ihrer Tour dabeihaben, um Textilwanderer über Ihr neues Hobby zu informieren.

Die Wahl der Ausrüstung

Der ein oder andere Ausrüstungsgegenstand kann auch für Sie als Nacktwanderer nützlich sein. Möchten Sie bei der Wanderung Schuhe tragen oder barfuß unterwegs sein? Sie erhalten in sämtlichen Sportgeschäften gute Wanderschuhe. Ich empfehle Ihnen zu den Schuhen gute Outdoorsocken. Beim Anprobieren im Geschäft sollten Sie die Möglichkeit nutzen, den Schuh eine Weile anzubehalten und ggf. auf verschiedenen Untergründen zu testen. Nach dem Kauf möchte ein Schuh eingetragen werden, bis Sie ihn auf einer großen Wanderung einsetzen können. Zwischen dem Schuhwerk und dem Rucksack tragen Nacktwanderer lediglich das Lichtkleid, das bei jedem Menschen einzigartig ist.

Wanderungen von mehr als 10 km erfordern die Mitnahme eines Rucksackes u. a. für die Verpflegung. Rucksäcke gibt es in allen Preisklassen und Qualitäten zu kaufen. Für die Nacktwanderung ist es wichtig, einen Rucksack zu wählen, der bei der Bewegung möglichst nicht am nackten Körper scheuert. Es hat sich bewährt, über störende Schnallen kleine Taschen zu ziehen. Diese dienen der Unterbringung von Kleinigkeiten und zusätzlich wird das Tragen erträglicher.

Für kleinere Spaziergänge oder beim Joggen kann es nützlich sein, eine Tasche für mp3-Geräte mitzunehmen. Je nach Größe der Tasche – und da bietet der Markt viel Auswahl – haben Sie die Möglichkeit, Ihre Papiere, das Handy und ggf. den Autoschlüssel unterzubringen. Diese Taschen haben den Vorteil, dass sie mit einem Klettverschluss um den Arm oder um das Bein gebunden werden können und nicht weiter stören. Als Alternative habe ich für mich den aus Amerika stammenden SPIbelt entdeckt. Diese Tasche wird um den Bauch geschnallt. Der Vorteil liegt im sehr elastischen Material. Der Gurt liegt fest am Körper an und Ihre Utensilien sind kaum spürbar. Die Tasche dehnt sich sehr weit, sodass die wichtigsten Gegenstände untergebracht werden können. (💻 www.spibelt.com). Zu guter Letzt sollten Sie noch eine Kopfbedeckung tragen, die keine weiteren Ansprüche erhebt.

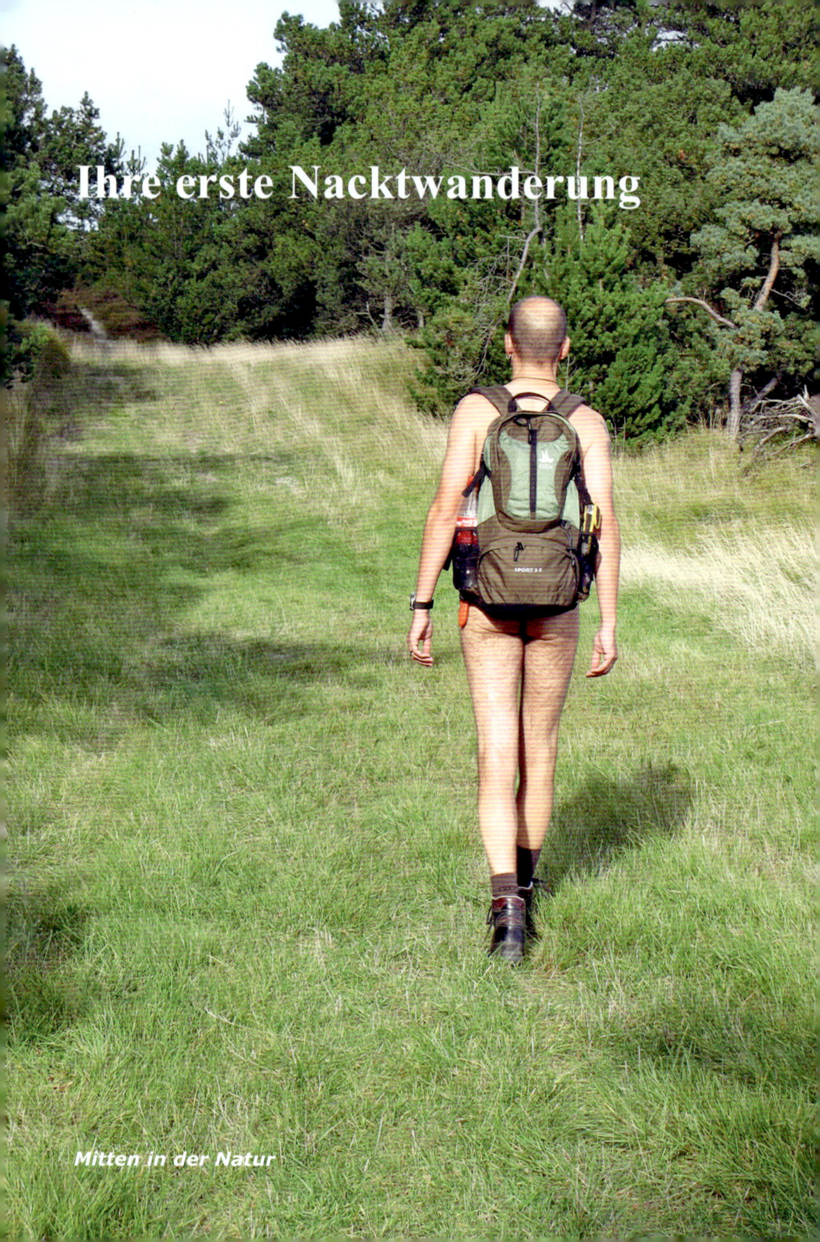
Ihre erste Nacktwanderung
Mitten in der Natur

Vorbereitungen zur ersten Wanderung

Wenn Sie nun den Entschluss gefasst haben, selbst einmal eine Nacktwanderung auszuprobieren, dann bietet Ihnen das Internet verschiedene Möglichkeiten, sich einer Gruppe anzuschließen. Auf den größten Plattformen www.fkk-freunde.info und www.nacktwandern.de werden regelmäßig Wanderungen unter der Rubrik „Wandertermine" angekündigt und auf der Seite www.natury.de/kal steht Ihnen ein Kalender mit sämtlichen Nacktaktivitäten zur Verfügung. Nach erfolgter Anmeldung wird Ihnen mitgeteilt, an welchem Ort und zu welcher Zeit sich die Gruppe trifft. Um für die erste Wanderung gerüstet zu sein, empfehle ich Ihnen, sämtliche Rucksäcke, die Ihnen zur Verfügung stehen, mit Gepäck zu Hause nackt auszuprobieren. Bewegen Sie sich eine Stunde lang durch Ihre Wohnung oder durch den Garten, um festzustellen, welcher Rucksack am wenigsten scheuert oder drückt. Gehen Sie, wenn Sie die Möglichkeit haben, auch mal eine Treppe hinauf und hinunter. Wenn die Rucksackwahl getroffen ist, können Sie sich über den Inhalt Gedanken machen. Behilflich ist Ihnen der Abschnitt „Was sollten Sie dabeihaben" aus diesem Buch. Anschließend sollten Sie für sich die Entscheidung treffen, ob Sie mit Schuhen oder barfuß laufen möchten. Bei der Entscheidung für das Barfußlaufen sollten Sie diesbezüglich ein wenig in Übung sein und kleinere Wegstrecken vorher ablaufen, um ein Gefühl dafür zu entwickeln. Weiterer Vorbereitungen bedarf es nicht. Nun finden Sie sich noch pünktlich am vereinbarten Treffpunkt ein, treffen freundliche Gleichgesinnte und schon beginnt das Abenteuer ihrer ersten Nacktwanderung.

Alternativ stehen Ihnen in Deutschland zurzeit zwei offizielle Nacktwanderwege zur Verfügung. Einer davon befindet sich bei Wippra im Harz und der andere in der Lüneburger Heide bei Undeloh.

Barfußwandern

Barfußwandern ist noch eine Steigerung des Nacktwanderns. Barfuß sind Sie nackt vom Scheitel bis zur Sohle und bewegen sich auf die natürlichste Art und Weise. Das Wandern ohne Schuhwerk sollte rechtzeitig trainiert werden. Die ersten Wanderungen sollten nicht länger als zwei bis drei Stunden dauern und ich empfehle, leichtes Schuhwerk und ein Erste-Hilfe-Kit für alle Fälle dabeizuhaben. Die meisten Füße sind an mehr oder weniger qualitativ gute Schuhe gewöhnt und eine längere Barfußwanderung ohne Vorbereitung ist sehr riskant. Wie ein Wanderschuh möchte auch der unbekleidete Fuß eingelaufen werden. Sie haben die Möglichkeit, sich in Ihrem Alltag darauf vorzubereiten oder regelmäßig auf sog. Barfußpfaden zu üben. Diese sind mittlerweile in ganz Deutschland angelegt und laden die Füße auf mehreren Untergründen zum Erfühlen ein.

Nationale und internationale Barfußpfade finden Sie unter folgender Adresse:

www.barfusspark.info

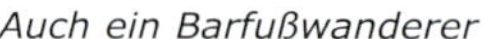

Auch ein Barfußwanderer

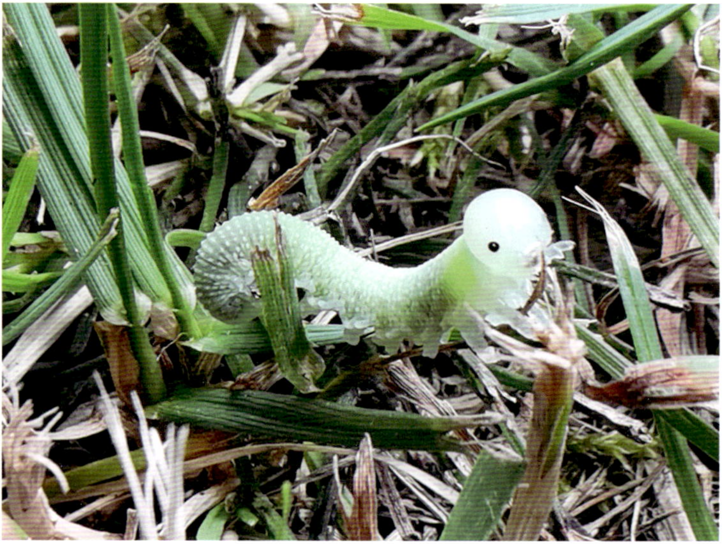

Um das Barfußlaufen nachzuempfinden, ohne Ihren Fußsohlen Gefahren auszusetzen, haben sich verschiedene Hersteller Gedanken gemacht. So bietet die Firma Feelmax (www.feelmax.com) Schuhe an, die das Barfußgefühl auch bekleidet nachahmen und jeder Stein auch mit dem Schuh zu fühlen ist. Von Leguano (www.barfuss-leguano.de) gibt es Socken mit einer genoppten Sohle, die vor spitzen Gegenständen schützen und das Barfußlaufen unterstützen und trainieren soll.

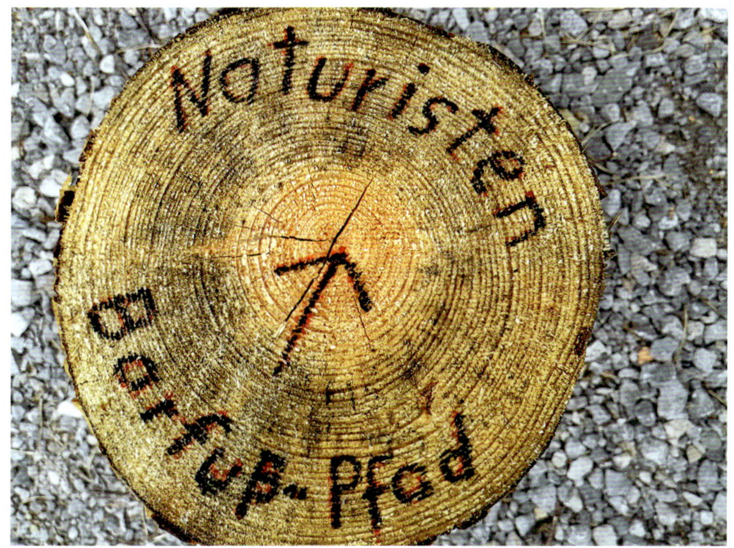

BffL Hannover e.V.

Beide Modelle sind für das Barfußlaufen entwickelt worden, allerdings sind sie nicht miteinander vergleichbar und nicht durch das natürliche Barfußwandern zu ersetzen. Der Markt bietet mittlerweile eine Vielzahl an Barfußschuhen an, die hier nicht alle erfasst werden können. Bekannt sind unter anderem Schuhe von Sole Runners (💻 www.sole-runner.com) und fivefingers (💻 www.vibram-fivefingers.de). Welchen Vorteil haben Sie beim Barfußwandern? Das Gefühlserlebnis einer Nacktwanderung kann mit unbekleideten Füßen noch gesteigert werden. Plötzlich ist es sehr wichtig, welche Art von Boden sich unter Ihren Füßen befindet. Handelt es sich um eine weiche Wiese, einen Weg mit Erde und weichen Tannennadeln oder vielleicht merken Sie kleine Steinchen? Probieren Sie einmal Matsch und Wasser. Sie werden merken, wie Sie vorausschauend den Weg begutachten. Die Füße werden nach kurzer Zeit mit einem leichten Kribbeln reagieren, da die Durchblutung angeregt wird. Vielleicht haben Sie nach den ersten Wanderungen mit Muskelkater zu rechnen. Es ist besonders wichtig, auf die Gefahren auf dem Weg zu achten, aber auch sich richtig zu bewegen. Leider ist oft durch das Schuhwerk der natürliche Bewegungsablauf in Vergessenheit geraten.

So geht es richtig: Legen Sie das Körpergewicht beim Aufsetzen auf den Ballen und nicht wie beim Laufen mit Schuhen auf die Ferse. So werden die Gelenke geschont, die Bänder und Muskeln gekräftigt. Auch die Wirbelsäule profitiert davon und Verspannungen können durch Barfußlaufen gelöst werden. Das Trainingspensum sollte langsam gesteigert werden, da der Körper sich an den neuen Bewegungsablauf gewöhnen möchte.

Verhaltensregeln

Es existieren verschiedene bis jetzt ungeschriebene Verhaltensregeln für den nackten Aufenthalt außerhalb unserer eigenen vier Wände bzw. in der Natur. Vielleicht klingen viele selbstverständlich und müssten hier eigentlich nicht erwähnt werden, aber dennoch möchte ich sie aufzählen, ohne Anspruch auf Vollständigkeit zu erheben. Es gelten viele Regeln selbstverständlich auch für bekleidete Personen, aber da Sie ein Buch über Nacktwandern in den Händen halten, werde ich darauf im Folgenden nicht weiter eingehen.

Über ein Steinmeer

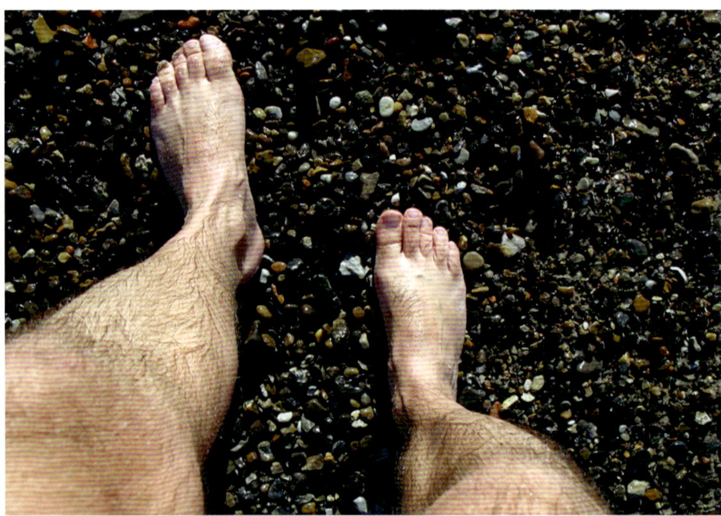

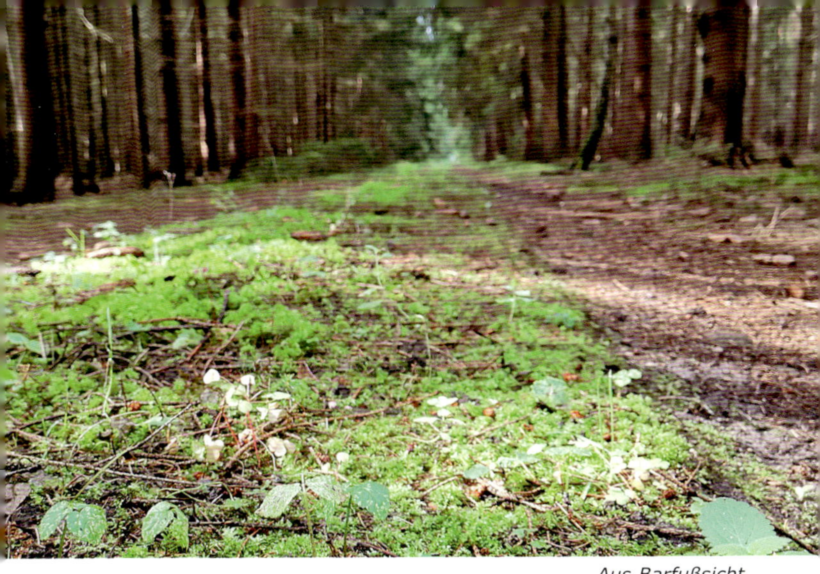

Aus Barfußsicht

Ein gutes Motto ist „Kleider machen Leute. Ohne Kleider sind wir Menschen". Und genau so sollten wir uns auch unseren Mitmenschen gegenüber verhalten, eben als Mensch. Ein nackter Mensch sollte nichts Ungewöhnliches sein und muss nicht angestarrt werden oder sich zur Schau stellen. Jedes Individuum sieht anders aus und es laufen nicht nur Models auf diesem Planeten herum, sehen wir uns selbst im Spiegel an. Demzufolge akzeptieren wir jeden so, wie er ist, jedes Gramm und jede Besonderheit.

Beim Nacktwandern ist das Geschlecht nebensächlich und wir schauen uns beim Unterhalten in die Augen. Da Nacktwanderer auf wenig frequentierten Wegen unterwegs sein wollen – schließlich wollen wir ja niemandem den Grund geben, sich provoziert zu fühlen – entkleiden wir uns ggf. erst ein paar Meter vom Auto entfernt (gleiches gilt für den Rückweg und das Anziehen). Entgegenkommende Wanderer dürfen gerne freundlich gegrüßt werden, schon oft hat sich im Wald ein interessantes Gespräch entwickelt. Auf den Wegen achten wir Tiere und Natur, schließlich wollen wir ja ein Teil von ihr sein. So gehört es selbstverständlich dazu, dass wir die Wege nicht verlassen und unseren Müll wieder mit nach Hause nehmen. Wenn Sie in einer Gruppe wandern, ist es sinnvoll, am Anfang der Tour zu klären, ob dem Fotografieren von allen zugestimmt wird.

Es ist immer schön, Erinnerungsbilder zu haben, doch auf die Wünsche Einzelner, nicht nackt abgelichtet zu werden, ist unbedingt Rücksicht zu nehmen. Für den Einzelnen, der sich in einer nicht so toleranten Alltagsumgebung bewegen muss, kann es unangenehme Folgen haben, wenn die Fotos in falsche Hände geraten. Zu guter Letzt sei noch gesagt, dass provokante Positionen und sexuelle Handlungen nichts mit Nacktwandern zu tun haben und strafrechtlich verfolgt werden können.

Unsere erste Nacktwanderung

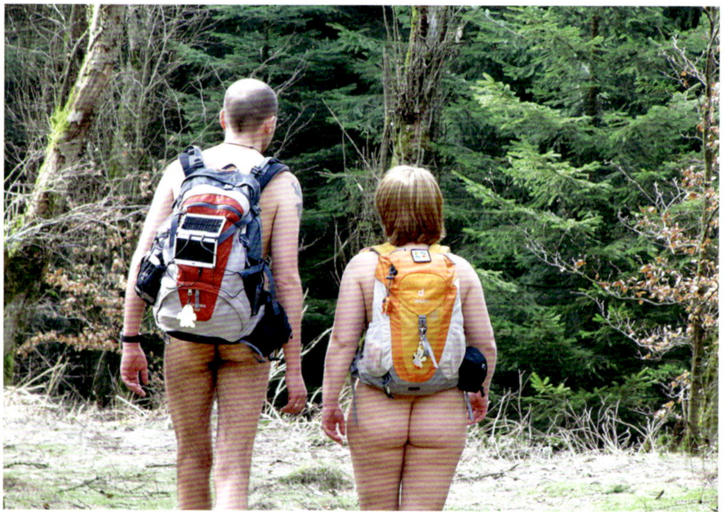

Andere Nacktsportarten

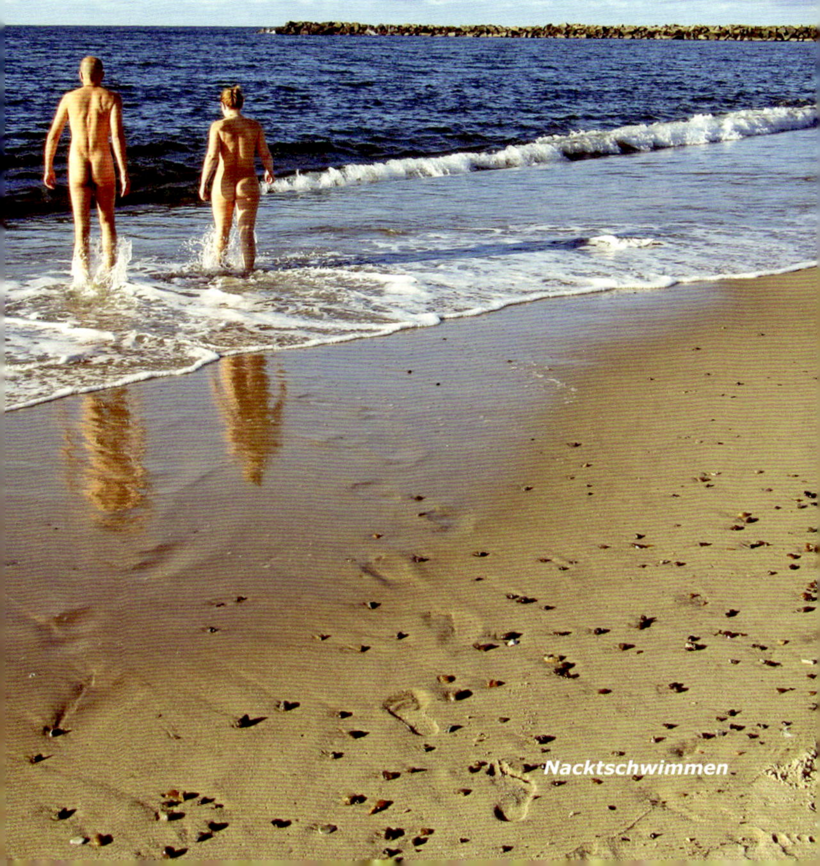

Nacktschwimmen

Verschiedene Möglichkeiten von nackt ausgeführten Sportarten sollen hier kurz vorgestellt werden. Seit dem Anfang des 20. Jahrhunderts, mit Beginn der FKK-Vereine, wurde Nacktsport immer bekannter und beliebter.

Nacktschwimmen

Nacktschwimmen ist eine der ersten Sportarten, die nackt betrieben worden sind. Schwimmen ohne Badekleidung ist weit verbreitet und bekannt. Fast an jedem Badesee gibt es einen ausgewiesenen Strandabschnitt, wo Nacktbaden erlaubt ist oder eine Ecke, wo sich die Nackten treffen. Aber auch ohne offizielle Genehmigung wird es fast überall toleriert. Selbst in Schwimmbädern wird häufig ein Nacktbadetag angeboten. Die DFK-Schwimmmeisterschaften finden seit vielen Jahren statt.

💻 www.nacktbaden.de

Aufgescheucht

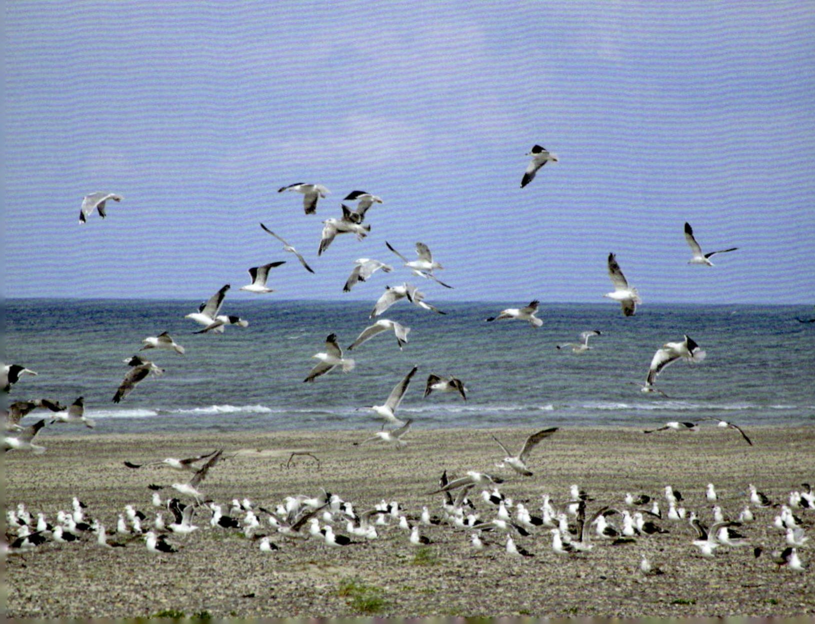

Strandsportarten

Nach dem Nacktschwimmen möchten Sie sich sicher am Strand nicht wieder anziehen müssen. So können sämtliche Sportarten, die am Strand ausgeübt werden, selbstverständlich auch nackt betrieben werden. Hierzu zählen u. a. Frisbee, Volleyball, Federball, Gymnastik oder auch Fußball und Tennis.

Nacktradeln

Das Nacktradeln wurde bekannt durch den weltweit ausgerufenen Welt-Nacktradel-Tag (WNRT oder auch WNBR – World Naked Bike Ride), der jährlich Anfang Juni stattfindet. Der große Vorteil, wenn Sie mit dem Rad unterwegs sind, ist der leichtere Transport von Gepäck. So benötigen Sie hier lediglich, je nach Umfang der Ausrüstung, ein bis zwei Fahrradtaschen oder einen Rucksack, um Ihren Proviant und die Kleidungsstücke für eine Tagestour zu verstauen.

Nacktjoggen/-(Nordic)Walking

Wie beim Nacktwandern stehen beim Nacktjoggen das Naturerlebnis und das positive Körpergefühl im Vordergrund. Wer nicht joggen möchte, kann gerne auch die langsameren Varianten Nordicwalking bzw. Walken absolvieren.

Durch das Ausziehen der Kleidung bedarf es nach der sportlichen Aktivität lediglich einer Dusche, um sich wieder frisch zu fühlen. Diese könnte aus einer mit Wasser gefüllten Flasche direkt am Auto erfolgen.

Für alle drei Sportarten finden regelmäßig Naturistenläufe statt, um sich im Rahmen eines Wettkampfes mit anderen zu messen. Verschwitzte Kleidungsstücke müssen somit nicht gewaschen werden und die Umwelt wird noch zusätzlich geschont.

www.nacktjoggen.de

Nacktreiten

Beim Nacktreiten ist es jedem freigestellt, neben dem textilfreien Reiten auch auf den Sattel zu verzichten. So stellt sich neben dem Körpergefühl auch eine noch intensivere Wahrnehmung des Tieres ein.

Nacktgymnastik

Turnübungen oder Gymnastik wurden schon 700 Jahre v. Chr. nackt ausgeübt. Das Wort gymnos bedeutet im Griechischen nackt. Später wurden extra Schulen eröffnet, in denen der Nacktsport gefördert wurde. Gleichzeitig legten die Lehrer einen großen Wert auf bessere Körperhygiene.

Nacktkegeln

Da die meisten Nacktsportarten wetterabhängig sind und daher nur in den warmen Monaten des Jahres durchgeführt werden können, ist das Nacktkegeln eine willkommene Möglichkeit, auch in den Wintermonaten Sport ohne Kleidung zu betreiben. Nebenbei können neue Nacktaktivitäten geplant werden und vergangene Wanderungen werden durch Erzählungen nochmals präsent.

www.natury.de/kal

Nacktyoga

Nacktyoga ist eine Sportart, die zu Hause oder mit anderen in einer Yogaschule praktiziert wird. Yoga nackt zu betreiben soll das Körperbewusstsein noch mehr steigern als es bekleidet schon wahrgenommen wird. Nacktyoga kann unabhängig von dem Wetter und der Jahreszeit ausgeübt werden.

www.nudeyogaberlin.com

Pétanque

Pétanque ist ein aus Frankreich stammendes Kugelspiel, auch Boule genannt. Ziel ist es, aus einem Kreis heraus die Metallkugel so nah wie möglich an die Zielkugel zu werfen. Das Spiel erfordert lediglich einen ebenen Untergrund. In vielen FKK-Vereinen finden Pétanque-Turniere statt.

Nackttennis und Nackttischtennis

Beide Sportarten werden auf den FKK-Vereinsgeländen, auf FKK-Campingplätzen oder am Strand angeboten.

Nacktgeocaching

Geocaching ist eine moderne Schnitzeljagd mit GPS-Geräten. Auf der ganzen Welt besteht die Möglichkeit, einen Cache (Versteck) zu suchen bzw. zu finden und wieder für den Nächsten an gleicher Stelle zu verstecken. In Deutschland und anderen Reisegebieten können Sie den einen oder anderen Schatz in einem FKK-Gebiet antreffen.

💻 www.geocaching.com

Nackt zu Hause

Viele Menschen, die sich gerne nackt in der Natur aufhalten, leben auch in den eigenen vier Wänden oder im Garten ohne Kleidung. Sämtliche Tätigkeiten des Haushaltes können selbstverständlich auch nackt durchgeführt werden. Im Garten kann Ihnen niemand das Nacktsein verbieten, solange Sie keine Straftat begehen. Beim Kochen und Grillen sollten Sie sich allerdings wegen der Fettspritzer mit einer Küchenschürze bekleiden.

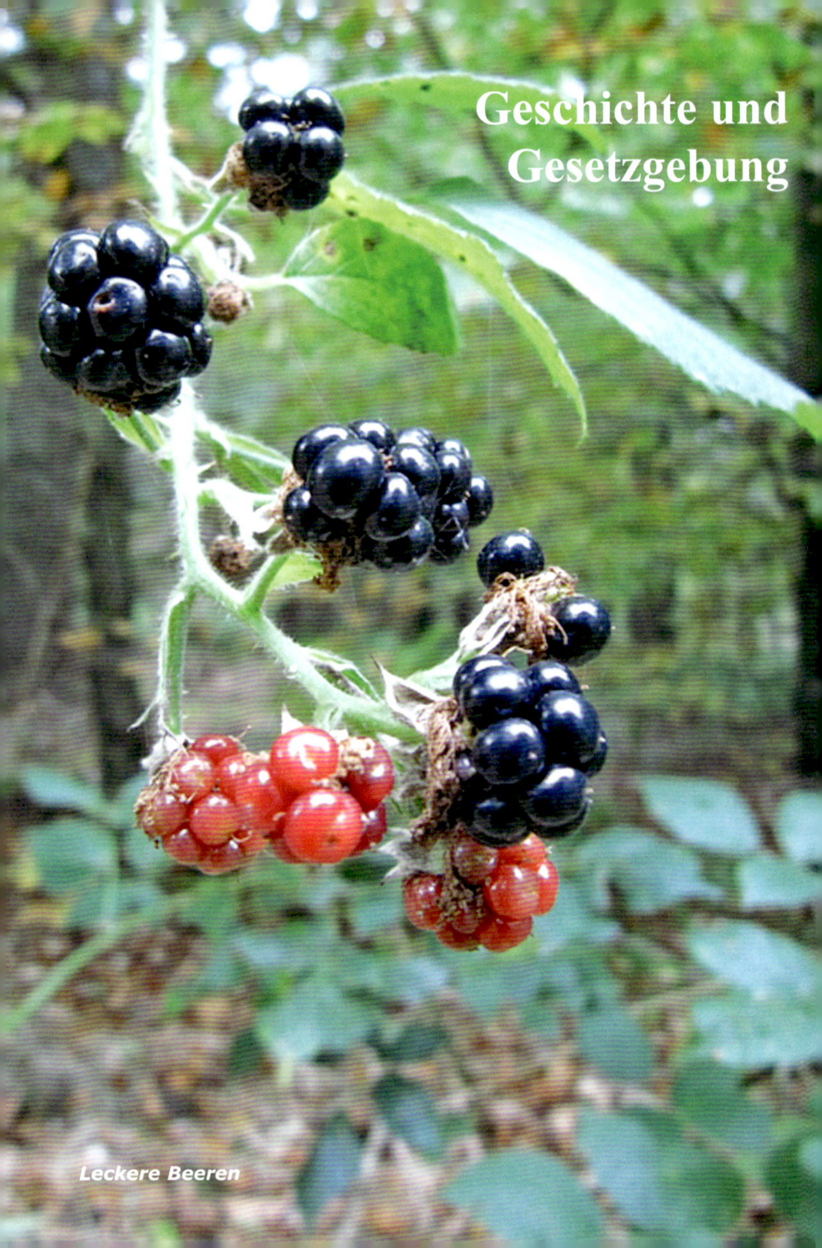
Geschichte und
Gesetzgebung
Leckere Beeren

Geschichte des Nacktseins

Ich beginne mit der Geschichte des Nacktseins bei Adam und Eva. Biblische Zitate aus den fünf Büchern des Moses sind mir dabei behilflich: „Beide, Adam und seine Frau, waren nackt, aber sie schämten sich nicht voreinander“ (Moses 2.25), und nachdem die beiden vom besagten Apfel gegessen hatten, „Da gingen beiden die Augen auf und sie erkannten, dass sie nackt waren. Sie hefteten Feigenblätter zusammen und machten sich einen Schurz“ (Moses 3.7). Somit war der Schurz das erste Kleidungsstück und die Nacktheit geriet in Vergessenheit.

Als Ausnahme können Sie die Naturvölker betrachten. Teilweise leben sie noch bis heute nackt in einer Gemeinschaft zusammen. Manche von ihnen tragen lediglich eine Lendenschnur oder eine Penishülle, die auf uns eher als Schmuck wirken, von diesen Völkern aber durchaus als Kleidungsstücke betrachtet werden.

Erst in der Antike wurde von den Griechen die Nacktheit wieder neu entdeckt. Orsippos soll seinen Sieg bei den 15. Olympischen Spielen im Jahre 720 v. Chr. seiner Nacktheit zugeschrieben haben. Selbst kleine Städte in Griechenland legten Wert darauf, sogenannte Gymnasia zu haben (gymnos = nackt). Dort wurden sämtliche Sportarten nackt ausgeführt. Die Möglichkeit, gemeinsam nackt zu baden, boten die berühmten Thermen in Rom, die für Tausende Menschen Platz boten.

Die ersten Christen wurden im Kreise der Gemeinde nackt getauft. Sie stiegen geölt in das heilige Badebassin und die göttliche Taufe wurde vollzogen. Erst seit dem 6. Jahrhundert wurde die Taufe nur noch durch Benetzen des Hauptes durchgeführt.

Ein reges nacktes Badevergnügen hielt sich auch im Mittelalter. In den Badestuben herrschte keine Geschlechtertrennung. Erst als in der frühen Neuzeit das öffentliche Baden für die Ausbreitung der Pest und der Syphilis verantwortlich gemacht wurde, begann eine Prüderie und Körperfeindlichkeit, sodass es im 17. bis 19. Jahrhundert keine öffentliche Nacktheit gab.

Jean-Jacques Rousseau (1712-1778) forderte als erster Pädagoge, zurück zur Natur zu kehren und regte an, insbesondere den Kindern das Vergnügen zu erlauben, im Lichtkleid zu spielen und zu toben.

Von Johann Wolfgang von Goethe (1749-1832) ist im Buch „Aus meinem Leben. Dichtung und Wahrheit“ folgendes zu lesen: „Ich selbst will nicht leugnen, dass ich mich, im klaren See zu baden, mit meinen Gesellen vereinte, und, wie es schien, weit genug von allen menschlichen Blicken. Nackte Körper jedoch leuchten weit, und wer es auch mochte gesehen haben, nahm kein Ärgernis daran." Ein weiteres Zitat besagt: „Ganz nackt schritt ich nun gravitätisch zwischen diesen willkommenen Gewässern einher, und dachte, mich lange so wohl befinden zu können."

Im 19. Jahrhundert fanden sich dann immer mehr bekannte Persönlichkeiten, die dem Nacktsein in der Natur frönten. Dazu sollen Otto von Bismarck, Dr. Georg Sauerwein und Rainer Maria Rilke gehört haben.

Die erste naturistische Publikation in Deutschland wurde von Heinrich Pudor (1865-1943) unter dem Titel „Nackende Menschen. Jauchzen der Zukunft" im Jahr 1893 veröffentlicht. Er sprach als einer der Ersten von „Nacktkultur". Vierzehn Jahre später erschien das erste Werk von Richard Ungewitter (1869-1958) unter dem Titel „Die Nacktheit". Hier beschreibt er die Anfänge und Forderungen der neu entdeckten Nacktkultur. Weitere Bücher von Ungewitter haben mit dem Thema Nacktheit zu tun, es sind insbesondere Titel wie „Nackt", „Kultur und Nacktheit" sowie „Nacktheit und Moral" und „Nacktheit und Aufstieg" zu erwähnen.

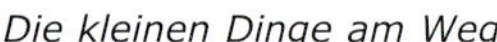

Die kleinen Dinge am Weg

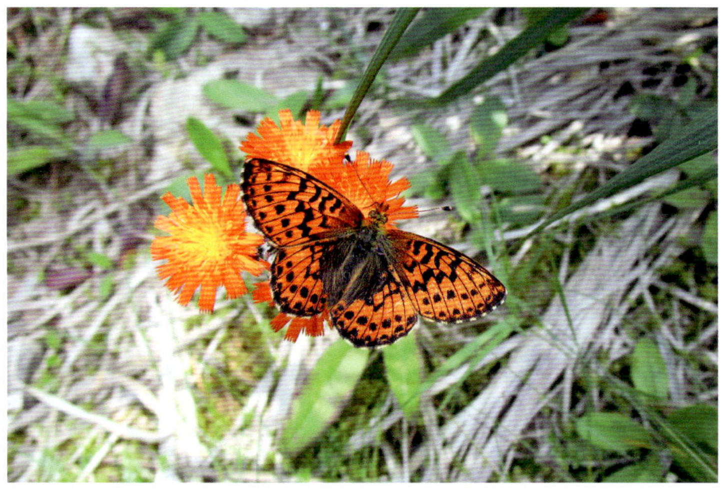

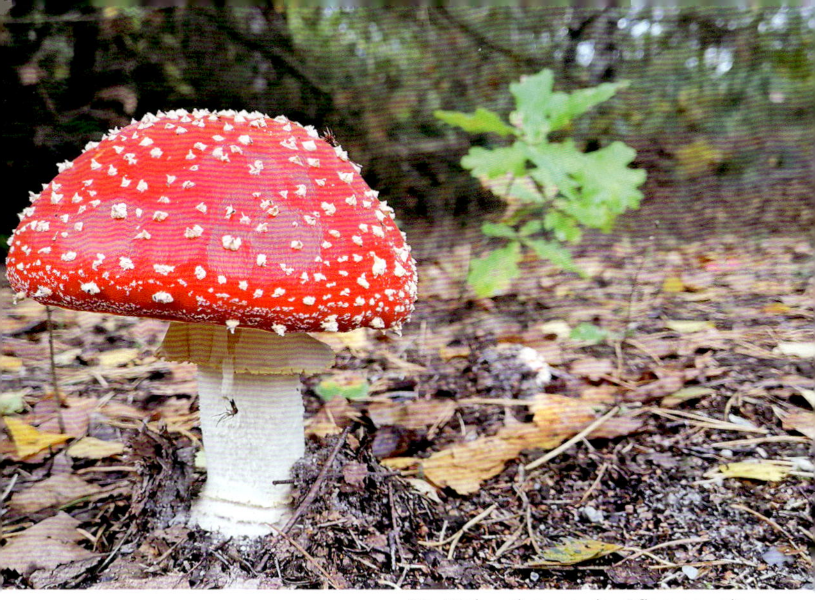

Die Wahrnehmung der Pflanzenwelt

Fidus, ein sehr bekannter Maler und Schüler von Karl Wilhelm Diefenbach, mit bürgerlichen Namen Hugo Höppener (1868-1948), malte im Jahre 1908 sein wohl berühmtestes Bild mit dem Titel „Lichtgebet". Darauf ist ein nackter, blonder junger Mann zu sehen, der auf einem Felsen stehend mit weit ausgebreiteten Armen die Sonne anbetet.

Die Jugendbewegung des „Wandervogels" brachte einen großen Aufbruch der Freikörperkultur. Sie breitete sich von Berlin, unter anderem mit Karl Fischer und Wilhelm Jensen, in rasend schnellem Tempo über Deutschland aus und erreichte Österreich und die Schweiz. Die Jugend traf sich zum Nacktsport, insbesondere zur Gymnastik und zum Schwimmen. Fidus' „Lichtgebet" wurde auf einer Veranstaltung der Freideutschen Jugend auf dem Hohen Meißner im Oktober 1913 als Postkarte an alle Teilnehmer verteilt.

Pädagogische Konzepte wurden neu überdacht und in der Odenwaldschule in Heppenheim wurde bereits 1910 für Jungen und Mädchen das nackte Turnen im Sportunterricht bis zu einem bestimmten Alter angeboten. Im Jahr 1924 gründete der sozialdemokratische Lehrer Adolf Koch (1896-1970) die Körperkulturschule „Adolf Koch". Koch hatte im Berliner Stadtteil Moabit beobachtet, dass die Kinder schmutzige Kleidung trugen und auch die Körper nicht gewaschen wurden. Er nahm das Gespräch mit den Eltern auf und konnte diese durch verschiedene Hygieneargumente überzeugen, dass sich die Kinder während des Sportunterrichtes nackt bewegen durften. Die Eltern verpflichteten sich, auf die Reinigung des Körpers zu achten. Es wurden insgesamt 13 Einrichtungen dieser Art gegründet. Weitere Schulen, in denen der Turnunterricht nackt durchgeführt wurde, waren die Beacon Hill School, die Priory Gate School und das Lichtschulheim Lüneburger Land (LLL) in Gülsingen (Lüneburger Heide). Dies wurde von Dr. Walter Fränzel (1889-1868) gegründet, der aus der Wandervogelbewegung kam.

Im Sommer 1932 gab es eine Badeverordnung, die folgende Regeln enthielt: „Das öffentliche Nacktbaden ist untersagt. Frauen dürfen nur dann öffentlich baden, falls sie einen Badeanzug tragen, der Brust und Leib an der Vorderseite des Oberkörpers vollständig bedeckt, unter den Armen fest anliegend sowie mit angeschnittenen Beinen und einem Zwickel versehen ist. Der Rückenausschnitt des Badeanzuges darf nicht über das untere Ende der Schulterblätter hinausgehen. Männer dürfen öffentlich baden, falls sie wenigstens eine Badehose tragen, die mit angeschnittenen Beinen und einem Zwickel versehen ist. In sogenannten Familienbädern haben Männer einen Badeanzug zu tagen. Die vorstehenden Vorschriften gelten nicht für das Baden in Badeanstalten, in denen Männer und Frauen getrennt baden.“ Da das Wort „Zwickel“ (damit ist der keilförmige Einsatz im Schritt gemeint) so oft in der Verordnung vorkommt, wird diese im Volksmund „Zwickel-Erlass“ genannt.

Ein Jahr später, im Jahr 1933, wurden dann auch die FKK-Vereine verboten. Neun Jahre später, im Juli 1942, stand unter § 3 der vom Reichsminister erlassenen Badeverordnung folgendes: „Einzelne Personen oder Personengruppen dürfen auch öffentlich nackt baden, wenn sie unter den gegebenen Umständen annehmen können, dass sie von unbeteiligten Personen nicht gesehen werden können; insbesondere auf einem Gelände, das hierzu freigegeben ist.“ Hiermit hatte die Freikörperkultur eine gesetzliche Grundlage, sodass nach dem Zweiten Weltkrieg sich schnell wieder FKK-Vereine gründeten. Im Jahr 1949 entstand, nach dreijähriger Vorbereitung, der „Deutscher Verband für Freikörperkultur“, kurz DFK, als Dachverband für alle FKK-Vereine unter dem Vorsitz des Lehrers Karlwilli Damm (1908-1983). Der DFK wurde 1953 im Vereinsregister Hamburg als eingetragener Verein registriert und 1963 im Deutschen Sportbund e.V. (DSB) als Mitglied aufgenommen.

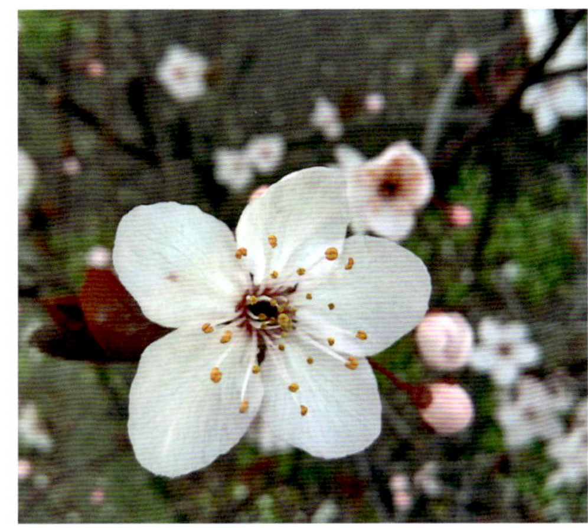

Schöne Blume

Im Bereich der DDR war das Nacktbaden sehr verbreitet. In den 50er Jahren wurden wegen verschiedener Konflikte nackte Aktivitäten per Erlass von der Regierung verboten. Dies sorgte für großen Unmut bei den FKK-Anhängern und wurde nicht toleriert. Im Jahr 1956 hob die DDR-Führung das Nacktbadeverbot wieder auf. Es soll in der DDR-Bevölkerung die weltweit höchste Anzahl an FKK-Freunden gegeben haben. Die Toleranz Nackten gegenüber war in der DDR immer sehr hoch. Erst wiesen Schilder auf ausgewählte FKK-Badestellen hin, später störten Nacktbader an allen Gewässern keinen Mitmenschen mehr. Erst nach der Öffnung der Grenzen verringerten sich die FKK-Gebiete.

Der Westen Deutschlands war dem Nacktsein nicht so zugetan. Ab dem Jahr 1946 wurden FKK-Vereine wieder zugelassen, bekamen aber nicht so hohen Zulauf. Eine gesellschaftliche Akzeptanz erlangte die Freikörperkultur erst Mitte der 60er Jahre durch den offenen Umgang von Nacktheit durch die Medien. Immer mehr Bürger entdeckten nackte Aktivitäten für ihre Freizeitbeschäftigung oder den Urlaub. Doch so zahlreiche FKK-Anhänger wie in der DDR gab es in der BRD nicht.

Die FKK-Jugend ist ein Verein, der 1953 unter dem Namen „FKK-Jugend – Bund der Lichtscharen" unter dem Einfluss der Jugendbewegung gegründet wurde und für interessierte Menschen im Alter von 6 bis 27 Jahren eine Menge Freizeitgestaltungsmöglichkeiten bietet. Der Verein ist Mitglied im DFK (Deutscher Verband für Freikörperkultur) und untergliedert in sieben Landesverbände. Die gemeinschaftliche Erziehung zu einem selbstbewussten und toleranten Erwachsenen und den Bezug zum Naturismus versteht der Verein als eine seiner Aufgaben.

Ein Leitsatz der Verbandszeitschrift der FKK-Vereine lautet wie folgt:

Freikörperkultur
ist eine neue Lebensform
zur Pflege von Körper
Seele und Geist
in der Gemeinschaft.
Wir leben dem Ideal
der Freiheit
der Grenzen bewusst
in der eigenen Verantwortung
Ausdruck unseres Strebens
ist die Nacktheit
als Bekenntnis
zur Wahrhaftigkeit.

Im Jahr 1965 begannen die Münchner, im Englischen Garten nackt zu baden. Am Anfang mussten sich die FKKler dem Protest stellen, doch später wurde der nackte Aufenthalt im Park an ausgewiesenen Stellen geduldet. Andere Städte nahmen sich ein Beispiel. Zehn Jahre später ist das Nackt- und Sonnenbaden öffentlich akzeptiert und geduldet.

Seit ca. 2002 ist auch das Nacktwandern eine in der Öffentlichkeit betriebene Nacktsportart. Erst in kleinen Gruppen, meist verabredet über das Internet, wanderten die Naturisten auf abgelegenen Wegen, denn sie wollten niemanden provozieren. Bereits im Jahr 2004 fand die erste – inzwischen traditionelle – Pfingstwanderung statt.

Die Planung des ersten deutschen Nacktwanderweges (Harzer Naturistenstieg bei Wippra) begann im Jahr 2008, brauchte dann aber noch zwei Jahre bis zur offiziellen Eröffnung am 29. Mai 2010. In dieser Zeit wurden zahlreiche Wanderungen in Thüringen, im Deister und Süntel, im Weserbergland, im Sauerland und in vielen anderen schönen Gegenden stets auf wenig frequentierten Wegen durchgeführt.

Im Jahr 2011 erschien dieses Buch in der ersten Auflage. Es hat viele Leser erreicht und es hat nicht lange gedauert, bis der zweite offizielle Nacktwanderweg in der Lüneburger Heide bei Undeloh eröffnet wurde.

Rechtliche Betrachtung

An jedem Kiosk sehen wir in den Zeitschriften nackte Haut. In vielen Städten und Parkanlagen sehen wir nackte Statuen. Ist Nacktheit in der Öffentlichkeit verboten?

Grundsätzlich steht in keinem Gesetz, dass wir uns ausschließlich bekleidet auf dieser Erde aufhalten dürfen. Es gibt in Deutschland keine (geschriebenen) Vorschriften, die uns verpflichten, uns zu bekleiden bzw. die es uns verbieten, uns zu entkleiden. Ich möchte mich auf den Artikel 2 des Grundgesetzes beziehen, in dem es heißt: „Jeder hat das Recht auf die freie Entfaltung seiner Persönlichkeit".

☞ Artikel 2 Grundgesetz

(1)- Jeder hat das Recht auf die freie Entfaltung seiner Persönlichkeit, soweit er nicht die Rechte anderer verletzt und nicht gegen die verfassungsmäßige Ordnung oder das Sittenrecht verstößt.
Darunter fällt auch die Wahl für oder eben gegen Kleidungsstücke.
Nach Artikel 3 unserer Verfassung darf niemand unter anderem wegen seines Glaubens oder seiner politischen Einstellung benachteiligt werden.

☞ Artikel 3 Grundgesetz

(3)- Niemand darf wegen seines Geschlechtes, seiner Abstammung, seiner Rasse, seiner Sprache, seiner Heimat und Herkunft, seines Glaubens, seiner religiösen oder politischen Anschauungen benachteiligt oder bevorzugt werden. Niemand darf wegen seiner Behinderung benachteiligt werden.

Naturismus als Lebenseinstellung zähle ich hierzu. Als Ausdruck meiner persönlichen Anschauung durch den Naturismus darf ich keinen Nachteil erleiden. Da wir uns als Nacktwanderer in der Natur aufhalten, versteht es sich von selbst, das Nacktsein an öffentlich belebten Plätzen oder in einer Fußgängerzone nicht dazugehört. Denn bereits in dem oben zitierten Artikel 2 des Grundgesetzes heißt es auch „soweit er nicht die Rechte anderer verletzt", weswegen auch die Rechte und Interessen anderer Menschen zu beachten sind.

Im Sinne eines praktischen Ausgleichs dieser Interessen gibt es u. a. Verbotsvorschriften, die dann auch teilweise „strafbewehrt“ sind. Uns interessieren dabei vor allem zwei dieser Vorschriften, wobei die eine Norm etwas weniger relevant ist, die andere eine höhere Relevanz haben kann.

Es gibt im Strafgesetzbuch den Straftatbestand „Erregung öffentlichen Ärgernisses“.

☞ **§ 183a StGB**

Wer öffentlich sexuelle Handlungen vornimmt und dadurch absichtlich oder wissentlich ein Ärgernis erregt, wird mit Freiheitsstrafe bis zu einem Jahr oder mit Geldstrafe bestraft, wenn die Tat nicht in § 183 mit Strafe bedroht ist.“

Zunächst erscheint es abwegig, diesen Straftatbestand in Zusammenhang mit „Nacktwandern“ zu bringen, denn wir nehmen ja nicht „öffentlich sexuelle Handlungen vor“ und wir erregen auch nicht „absichtlich oder wissentlich ein Ärgernis“. Ich möchte dennoch diese Vorschrift hier nennen, denn es ist nicht ausgeschlossen, dass sie zumindest von der Polizei – oder anderen Leuten, die sich belästigt fühlen – ins Spiel gebracht wird.

Allerdings ist juristisch weitgehend anerkannt, dass „bloße Nacktheit“ noch keine sexuelle Handlung ist, so hat der Bundesgerichtshof bereits Anfang der 1960er Jahre entschieden, dass Nacktbaden nicht unter den Straftatbestand des § 183a StGB fällt (BGH, JR 1962, 26) fällt. Außerdem muss die Handlung eine gewisse Erheblichkeit überschreiten und z. B. dem Verhalten eines sogenannten „Flitzers“, der überraschend unbekleidet in der Öffentlichkeit herumläuft, fehlt zumeist die für das Ärgernis notwendige Erheblichkeit (OLG Karlsruhe, NStZ-RR 2000, 309; Kett-Straub, JR 2006, 189). Nacktwandern wird daher mit großer Sicherheit nicht unter den oben genannten Straftatbestand fallen und dürfte daher nicht strafbar sein.

Die zweite Norm – und diese ist deutlich relevanter – entstammt dem „Gesetz über Ordnungswidrigkeiten“ (OWiG). Der § 118 beschäftigt sich mit der Belästigung der Allgemeinheit.

☞ § 118 OWiG

(1)- Ordnungswidrig handelt, wer eine grob ungehörige Handlung vornimmt, die geeignet ist, die Allgemeinheit zu belästigen oder zu gefährden und die öffentliche Ordnung zu beeinträchtigen.

Klären wir als Erstes einmal die Begriffe. Unter Ordnungswidrigkeit versteht der Gesetzgeber eine rechtswidrige und vorwerfbare Handlung, die den Tatbestand eines Gesetzes verwirklicht, das die Ahndung mit einer Geldbuße zulässt (§1 OWiG). Eine grob ungehörige Handlung wird, soweit diese geeignet ist, die Allgemeinheit zu belästigen und die öffentliche Ordnung zu gefährden, mit einer verbotenen (weil rechtswidrigen und vorwerfbaren) Handlung (die mit einem Bußgeld geahndet werden kann) gleichgesetzt. Dabei enthält § 118 OWiG eine Generalklausel (einen sog. „Gummiparagrafen"). Hier bieten sich gleich mehrere Einfallstore für eine Auslegung – wann ist eine Handlung „grob ungehörig", wann ist eine grob ungehörige Handlung geeignet, die Allgemeinheit zu belästigen oder zu gefährden bzw. wann beeinträchtigt eine grob ungehörige Handlung die öffentliche Sicherheit?

Nackte Statuen

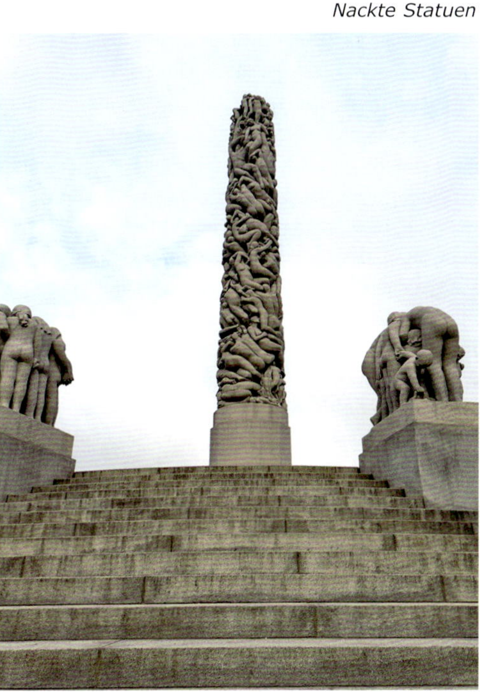

Grundsätzlich ist es weder verboten, nackt zu sein, noch ist es verboten, zu wandern. Warum könnte also das Nacktwandern eine grob ungehörige Handlung sein, die geeignet ist, die Allgemeinheit zu belästigen? Die Justiz hat es bereits mehrfach mit Nacktheit (in Form von Nacktjogging und Nacktradfahren) in der Öffentlichkeit zu tun gehabt. Aus diesen Entscheidungen lassen sich Rückschlüsse auf das Nacktwandern ziehen. „Wer sich unbekleidet auf öffentlichen Straßen und in öffentlichen Anlagen, in denen die Begegnung mit nackten Menschen nicht zu erwarten ist, in einer Weise aufhält, dass er anderen Benutzern den Anblick seines nackten Körpers aufdrängt, handelt ordnungswidrig im Sinne von § 118 OWiG", soweit lässt sich eine Entscheidung des Oberlandesgerichts (OLG) Karlsruhe (Beschluss vom 4.5.2000, Az. 2 Ss 166/99) zusammenfassen. Wie kommt man dazu, dass die Nacktheit hier eine grob ungehörige Handlung darstellt, die die Allgemeinheit belästigt? Voraussetzung dafür ist, „dass das Publikum in seiner unbestimmten Allgemeinheit unmittelbar belästigt oder gefährdet wird, und zwar dergestalt, dass in dieser Belästigung oder Gefährdung zugleich eine Verletzung oder Gefährdung des äußeren Bestandes der öffentlichen Ordnung zur Erscheinung kommt" (OLG Karlsruhe in Anlehnung an eine Entscheidung des Bundesverfassungsgerichts). Und weiter heißt es: „Das ist jedenfalls dann anzunehmen, wenn die Handlung in einem so deutlichen Widerspruch zur Gemeinschaftsordnung steht, dass sie jeder billig denkende Bürger als eine grobe Rücksichtslosigkeit gegenüber jedem Mitbürger ansehen würde, sie sich also gleichsam als eine Missachtung der durch die Gemeinschaftsordnung geschützten Interessen darstellt." Letztlich – und auch das stellt das OLG Karlsruhe fest – kommt es bei der Frage, ob Nacktheit eine Ordnungswidrigkeit sei, auf die Umstände des Einzelfalles an, denn für die Beurteilung, ob das nackte Auftreten in der Öffentlichkeit die in der ungeschriebenen Gemeinschaftsordnung verankerte Toleranzgrenze überschreitet, ist maßgeblich, ob die zu bewertende Handlung objektiv jenes Minimum an Regeln grob verletzt, ohne deren Beachtung auch eine für Entwicklungen offene Gesellschaft nicht auskommt.

Wo muss ich als unbefangener Dritter mit nackten Menschen rechnen? Letztlich zieht in der genannten Entscheidung – ohne diese Frage endgültig zu entscheiden, weil sie für die Entscheidung nicht relevant war – das OLG Karlsruhe schon in Zweifel, ob Nacktheit an Stränden oder in Schwimmbädern (auch wenn es sich nicht um FKK-Einrichtungen handelt) noch eine ungehörige Handlung dar-

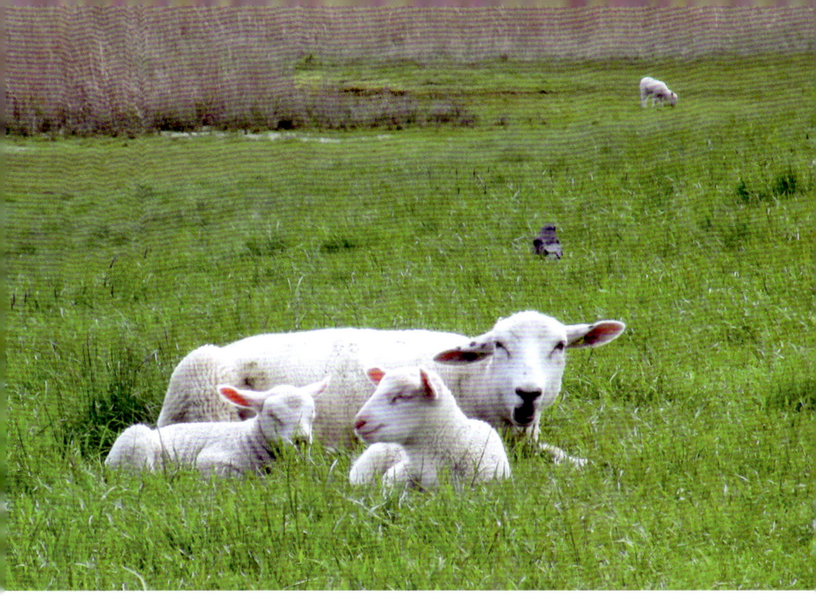

Die sind ja nackt!

stellt, da sich in der Öffentlichkeit/Gesellschaft hinsichtlich des Nacktbadens eine deutlich freiere und unbefangenere Einstellung entwickelt hat. Weitergehender hat das Verwaltungsgericht (VG) Karlsruhe (Beschluss vom 2.6.2005, Az. 6 K 1058/05) in einer Entscheidung ausgeführt, dass „insbesondere an den Baggerseen und Nebenarmen des Rheins (...) in bestimmten Bereichen Nacktbaden üblich sein (mag)“, hat dazu aber auch festgestellt, dass diese regionalen Verhaltensweisen der Bevölkerung geläufig seien und jeder daher seinen Badeort entsprechend auswählen könne. Allerdings sagt das OLG Karlsruhe, und das VG Karlsruhe tritt dieser Auffassung bei, auch deutlich, dass Nacktheit bzw. das „unbekleidete Präsentieren eines menschlichen Körpers“ auf öffentlichen Straßen und in öffentlichen Anlagen (wobei der dem OLG Karlsruhe vorliegende Sachverhalt von Nacktheit in einem Wohn- oder Naherholungsgebiet ausgeht) nach wie vor im Gegensatz zu den anerkannten Regeln der ungeschriebenen Gemeinschaftsordnung steht, da hier das Scham- und Anstandsgefühl der sich ungewollt mit fremder Nacktheit konfrontierten Menschen nachhaltig tangiert wird. Gerade die unfreiwillige Konfrontation an Orten, an denen die Begegnung mit nackten Menschen nicht zu erwarten ist, berühre das Schamgefühl in besonderer Weise, so das OLG Karlsruhe. Das VG Karlsruhe nennt in seiner Entscheidung „öffentliche Straßen, Liegewiesen, Campingplätze, Gaststätten und Spazierwege" als Orte, an denen man „völlige Nacktheit" nicht erwarte bzw. erwarten müsse.

Den beiden genannten Entscheidungen (und einer dritten, bisher ungenannten Entscheidung des Verwaltungsgerichtshofs Baden-Württemberg vom 3.9.2002, Az. I S 972/02) ist gemein, dass sie mehr oder minder urbane Örtlichkeiten betreffen und nicht Orte im Wald oder in der freien Natur ansprechen. Kann ich oder vielmehr muss ich im Wald oder in der freien Natur mit nackten Menschen rechnen, da Nacktheit natürlich ist? Dann wäre Nacktwandern in der Natur wohl nicht als Ordnungswidrigkeit zu sehen.

Als Zusammenfassung bleibt festzuhalten: Ob also das Nacktwandern eine Ordnungswidrigkeit darstellt, hängt im Einzelfall von den konkreten Umständen, insbesondere der jeweiligen Öffentlichkeit, dem situativen Rahmen und dem Anlass und Zweck des Nacktseins ab. Eine letztgültige Antwort darauf wird sich abstrakt nicht geben lassen – und die örtlich zuständigen Ordnungsbehörden werden nach den oben genannten Entscheidungen vermutlich eher dazu neigen, beim Nacktwandern von einer Ordnungswidrigkeit auszugehen, wenn es sich bei der Ausführung um einen Ort handelt, an dem die Begegnung mit nackten Menschen nicht zu erwarten ist.

Unabhängig von der rechtlichen Bewertung gilt jedoch: Textilwanderer fühlen sich ebenso wie wir mit der Natur verbunden und stören sich im Allgemeinen nicht an uns. Wenn wir auf Wegen wandern, die nicht so frequentiert sind, begegnen wir höchstwahrscheinlich nicht so vielen Mitmenschen. Denn wir wollen durch unsere Nacktheit keinen provozieren. Bei Begegnungen ist ein persönliches Gespräch oft hilfreich, um dem Textilwanderer zu erklären, warum wir nackt die Natur genießen.

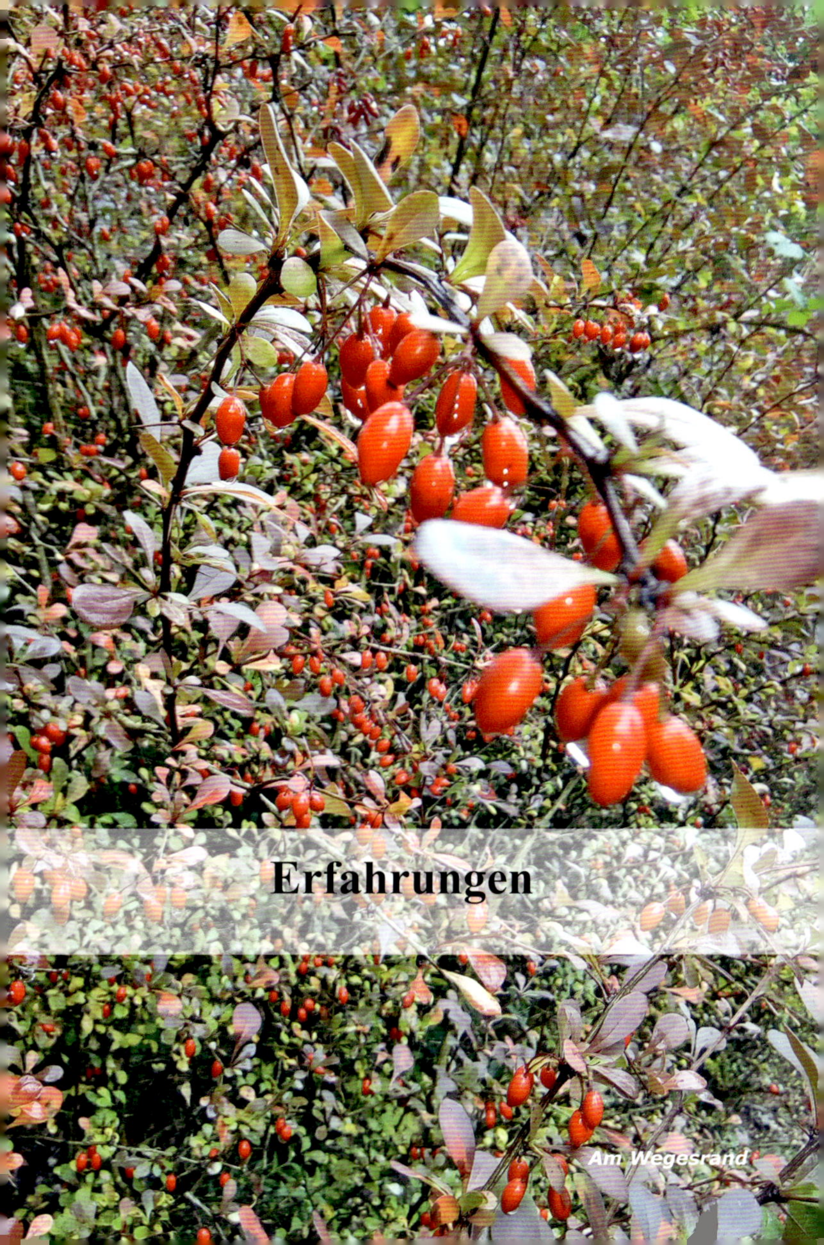

Erfahrungen

Am Wegesrand

Erlebnisbericht meiner ersten Nacktwanderung

Durch die Zeitung wurde ich auf das Thema Nacktwandern aufmerksam. Ich las, dass eine Gruppe bei mir ganz in der Nähe letztes Wochenende nackt im Wald unterwegs gewesen war. Schade, dass ich nicht vorher davon erfahren hatte. Doch der Bericht hatte meine Neugierde geweckt und ich durchforschte das Internet, um mehr über das Nacktwandern zu erfahren. Über das Forum 💻 www.fkk-freunde.info und 💻 www.nacktwandern.de habe ich viel über vergangene Wanderungen gelesen. Unter der Rubrik Wandertermine und auf der Seite 💻 www.natury.de/kal bekam ich Informationen über geplante Wanderungen. Nachdem ich mir ein passendes Datum und ein Wandergebiet in meiner Nähe ausgesucht hatte, meldete ich mich an. Danach bekam ich nähere Angaben zu dem genauen Treffpunkt und der Startzeit.

Am Morgen der Wanderung war ich aufgeregt. Was werden für Menschen mit mir wandern? Wie viele Personen werden wir sein? Bin ich die einzige Frau? Werden wir auf angezogene Wanderer treffen? All diese Gedanken gingen mir durch den Kopf. Am Treffpunkt angekommen wurde ich freundlich von den schon angereisten Wanderern empfangen. Es waren noch alle angezogen, da es sich um einen öffentlichen Parkplatz handelte.

Der Organisator der Wanderung begrüßte mich ebenfalls und mein Name wurde auf der Liste abgehakt. So war sichergestellt, dass wir keinen vergaßen. Ich war beruhigt zu sehen, dass ich nicht die einzige Frau war, ich sah sogar Kinder. Jedes Alter war vertreten, von sehr jung bis sehr alt. Die Gruppe war auf den ersten Blick mindestens 50 Wanderer stark, mit so vielen Menschen hatte ich nicht gerechnet.

Ich war sehr positiv überrascht. Nachdem alle Wanderer eingetroffen waren, ging die Gruppe gemeinsam vom Parkplatz ein paar Hundert Meter in den Wald hinein. Nach der ersten Kurve begannen wir, uns auszuziehen und mit Sonnenschutz einzucremen. Auf meine Frage, warum wir uns erst hier der Kleidung entledigten und nicht schon am Parkplatz, erhielt ich die Antwort, dass Nacktwanderer nicht mit Ihrer Nacktheit provozieren wollen und somit große Rücksicht auf Textilwanderer nehmen. Nachdem alle ausgezogen und die Kleidungsstücke in den Rucksäcken verstaut waren, ging sie endlich los – meine erste Nacktwanderung.

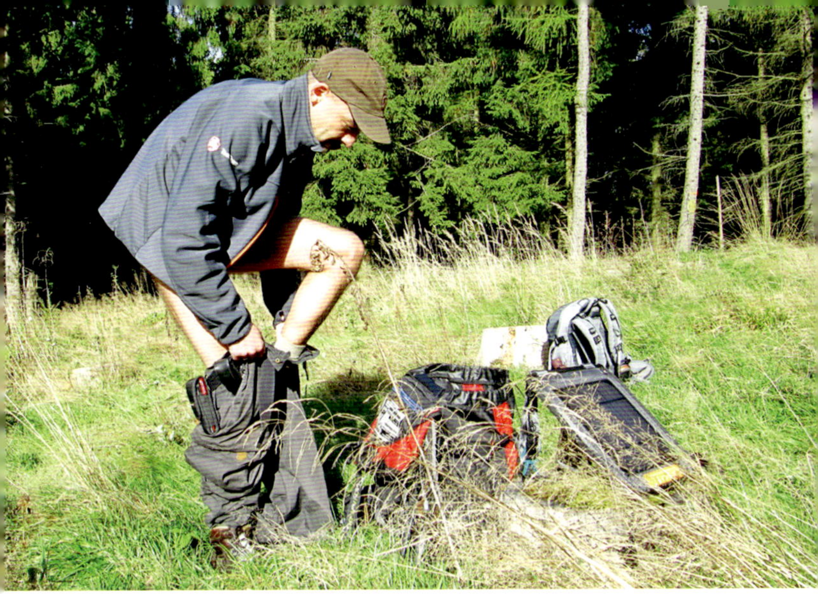

Beim Ausziehen

Die Aufregung begann der intensiven Wahrnehmung zu weichen. Es war ein Sommertag und die Lufttemperatur betrug 18°C. Auf der Haut fühlte sich die Sonne angenehm warm an und der leichte Wind streichelte sanft meinen Körper. Die erste Zeit der Wanderung besann ich mich ganz auf meine neuen Empfindungen. Das war großartig, selbst die kleinsten Veränderungen des Wetters waren sofort zu spüren. Eine Wolke schob sich vor die Sonne und warf für kurze Zeit Schatten auf uns. Der Körper reagierte mit einer leichten Gänsehaut. Selbst der Weg, die Umgebung und die Tiere waren für mich als nackter Mensch wesentlich präsenter. Die Hummel, die von links angeflogen kam, und die Brennnessel am Wegesrand wurden mir viel deutlicher bewusst. Ein vom Sturm umgeworfener Baum sollte überquert werden, das geschah viel vorsichtiger angesichts der nackten Tatsachen. Ich fühlte mich ein wenig verletzlich der Natur ausgesetzt, aber es war ein schönes Gefühl und ich begann es zu genießen.

Dann passierte es, der erste angezogene Wanderer kam uns entgegen. Doch die Nacktheit war zur Normalität geworden. Ich grüßte freundlich, wie die anderen Nacktwanderer auch, und es schien das Normalste der Welt zu sein – auch für den Textilwanderer. Im Verlauf der Strecke suchte ich immer wieder das Gespräch zu den anderen nackten Wanderern und stieß auf offene Ohren. Nacktwanderer sagen Du zueinander, denn schließlich gibt es ja auch keine Unterschiede, die ein Sie erfordern. Gerne wurde mir von vergangenen Wanderungen berichtet. Von Erlebnissen auf der Tour, Begegnungen mit Textilwanderern oder dem abschließenden gemeinsamen Abendessen als Ausklang eines schönen Tages.

Im Verlauf der Wanderung stießen wir auf einen kleinen See und beschlossen, dort eine Pause einzulegen. Einige, so auch ich, genossen das kalte Nass bevor wir unsere Brote aßen. Das mitgebrachte Handtuch diente als Unterlage auf der Wiese. Langsam verdunstete das Wasser vom See auf meinem Körper und es kribbelte überall.

Ich ging mit vielen nackten Menschen, für die die eigene Nacktheit wichtig ist, aber nicht die der anderen. Beim Gespräch schauten wir uns in die Augen und nicht auf den nackten Körper, warum auch, das Nacktsein ist schließlich natürlich und in der Gesellschaft der anderen selbstverständlich. Während der Wanderung habe ich nur eines vermisst: eine Hosentasche. Von meiner ersten Tour habe ich ein ganz neu entdecktes Körpergefühl und eine sinnlichere Wahrnehmung meiner Umwelt mitgenommen. Das war bestimmt nicht meine letzte Nacktwanderung.

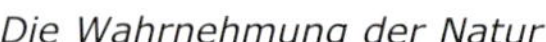

Die Wahrnehmung der Natur

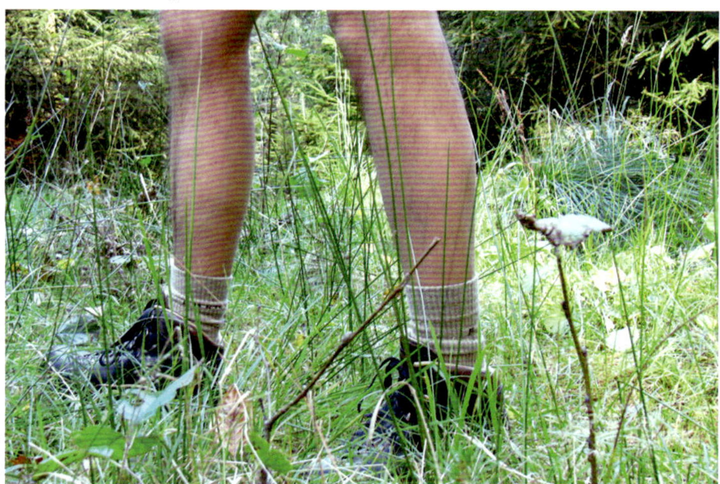

Bemerkungen von Textilträgern bei Begegnungen

An dieser Stelle möchte ich von Reaktionen auf uns Nacktwanderer von bekleideten Spaziergängern berichten. Danke an Helmut und Horst für das Zurverfügungstellen einiger Anekdoten. Vielleicht können Sie sich als Leser dieses Buches ein wenig in die eine oder andere Reaktion einfühlen und die Begegnungen nachempfinden. Zusammentreffen mit Textilwanderern verlaufen meist positiv und können interessante Gespräche ergeben.

- „Huch, wenn ich Sie nur sehe, dann friere ich schon! Ist Ihnen nicht kalt?"
- Bei einer Wanderung im Westerwald überholten unsere etwa 30-köpfige Gruppe zwei bekleidete Wanderer, sodass vor ihnen und hinter ihnen zahlreiche Nackte wanderten. Zwei Mountainbiker erreichten den Schluss der Nacktwandergruppe. Einer von ihnen rief: „Und wir haben schon gedacht, wir sind in unseren Radler-Trikots knapp bekleidet, aber ihr toppt uns ja noch ganz gewaltig!" Dann erreichten sie die beiden bekleideten Wanderer zwischen den Nackten. Da fragte der Biker erstaunt: „Was ist denn mit euch los? Ihr habt ja was an!"
- „Wenn ich nach Hause komme und das meiner Frau erzähle, die glaubt mir kein Wort. Darf ich ein Beweisfoto machen?" Wir erlaubten es ihm, baten aber: „Nur für den persönlichen Gebrauch."
- Eine vierköpfige Familie begegnete uns im Teutoburger Wald. Die Mutter: „Kinder, schaut euch das genau an! Das ist die neue Armut in Deutschland, die können sich keine Kleider mehr kaufen! Unsere Antwort: „Aber es macht auch sehr viel Spaß, frei von Kleidern zu wandern!"
- „Habt ihr nicht was vergessen?"
- „Was ist euch denn passiert? Seid ihr überfallen worden?" Unsere Antwort: „Nein, ein paar Kilometer weiter ist eine Kleidersammelstelle, da haben wir alles gespendet, was wir bei uns hatten."
- Im Naturpark Hainich begegneten wir einer Damen-Wandergruppe. Als die Wanderführerin uns gewahr wurde, erläuterte sie ihren Mitwanderinnen: „Aha, da treffen wir auf eine Nacktwandergruppe. Solche Nacktwanderungen gibt es jetzt überall in Deutschland!"
- „Ist hier irgendwas Besonderes los?" Unsere Antwort: „Nein, wir wandern jedes Wochenende!"

▷ Im Arnsberger Wald stießen wir auf zwei Holzarbeiter. Sagt der eine: „Mensch, das ist ja klasse! Wie seid ihr denn auf die Idee gekommen?“ Unsere Antwort: „Es ist einfach wunderschön, nackt durch die Natur zu wandern und sich als Teil der Natur zu fühlen.“ Der Holzarbeiter: „Darf ich mitwandern?“ – „Na klar“, antworteten wir und er begann sich schon auszuziehen. „Du bist bei der Arbeit und bleibst hier!“, meldete sich der andere energisch zu Wort – er war wohl der Chef …

▷ … In einiger Entfernung näherte sich uns eine Vierer-Wandergruppe. Sie hielt inne, schien zu beraten, ob sie uns wirklich begegnen oder lieber ausweichen sollte. Mutig kamen sie dann doch näher. „Was macht Ihr denn hier?“, war die erste ungläubige Frage. Wir kamen ins Gespräch über die Vorzüge des Nacktwanderns, das weiche Gras, den warmen Regen auf der Haut, den sanften Wind, der unsere Körper trocknet – viel schneller, als das mit nassen (auch Funktions-)T-Shirts jemals möglich wäre, darüber, die Natur mit allen Sinnen zu genießen, und schließlich auch verschiedene Gesundheitsaspekte. Eine der beiden Frauen bemerkte schließlich: „Wir gehen ja hin und wieder mal in die Sauna, wo wir auch nackt sind, aber an so etwas haben wir noch nie gedacht. Der Gedanke es einmal zu probieren, ist schon interessant!“ … Wir stellten uns auf zu einem Gruppenfoto – zwei bekleidete Pärchen und sieben nackte Menschen. Danach tauschten wir unsere E-Mail-Adressen zum Versenden der Fotos. „Sonst halten es zu Hause alle für ein Hirngespinst“, befürchteten die vier Textiler. Wir verabschiedeten uns freundlich und gingen in entgegengesetzte Richtungen auseinander … Die warme Sonne und das weiche Gras luden uns zur Rast ein. Wie wir so saßen, fielen uns in einiger Entfernung Personen auf, die offensichtlich Gymnastik machen: Kniebeugen, Arme hochrecken, Rumpfbeugen, Drehungen. Bei genauerem Hinsehen trauten wir unseren Augen nicht. Mit jeder Übung entledigen sich zwei von ihnen je eines Kleidungsstückes. Natürlich, es waren die beiden Frauen vom Gruppenfoto. Ihre Männer hatten sich bereitwillig als Kleiderständer zur Verfügung gestellt. Eine der jetzt nackten Damen schwenkte ihr rotes T-Shirt und winkte uns zu. Sie kamen wieder zu uns herüber und wir nahmen das Gespräch erneut auf. Gemeinsam gingen wir so, als wäre es das Normalste von der Welt, nackt zurück zum Parkplatz. Selbst die uns entgegenkommenden Wanderer schienen das ebenso zu sehen.

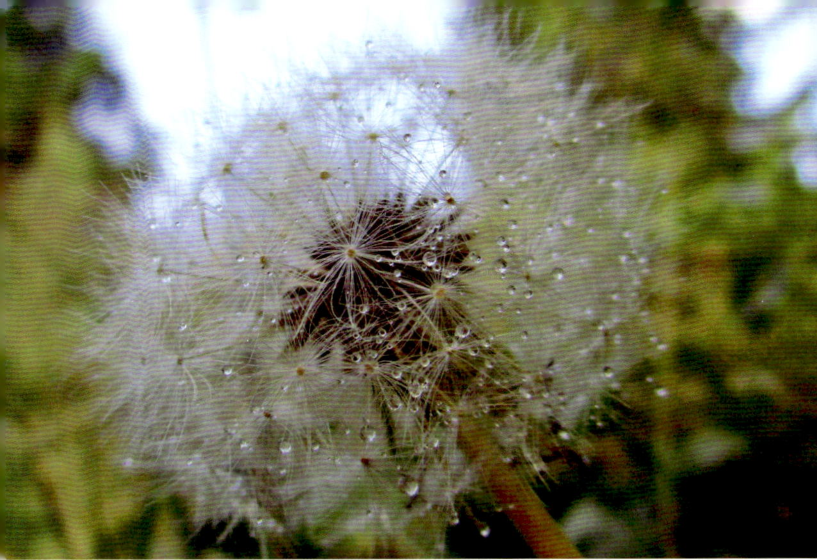

Der Blick für´s Detail

- ▷ Auf einer Wanderung kam uns eine Mutter mit ihrer ca. siebenjährigen Tochter entgegen. Die Mutter meinte zu dem Kind: „Schau mal, die laufen ja nackt!“ Doch die Tochter erwiderte: „Das stimmt doch gar nicht, die haben noch Schuhe an!“

Empfindungen und Erfahrungen von Erstwanderungen

Vieles, was wir zum ersten Mal ausprobieren, kostet unter Umständen ein wenig Überwindung. Wir sind aufgeregt, weil wir nicht wissen, was auf uns zukommt. Einige Empfindungen, die Wanderer auf ihrem ersten Weg geäußert haben, hat mir Helmut freundlicherweise zur Verfügung gestellt:

- ▷ „Eine Offenbarung, für die mir die Worte fehlen.“
- ▷ „Meine Sinne nahmen nur noch das Zwitschern der Vögel, das leise Rauschen der Blätter und meinen eigenen Atem wahr – sonst nichts. Kein Scheuern von Kleidung, kein einengendes Gefühl, nur Freiheit pur und Einssein mit der Natur.“

- „Sogar eine Polizeistreife begleitete uns eine Weile lang und überzeugte sich davon, dass wir alle brav wanderten und nichts Verbotenes taten. Ein Textilträger, dem offenbar die Fantasie durchgegangen war, hatte die Polizei benachrichtigt. Die Beamten müssen auch bei derlei Anrufen nach dem Rechten sehen und baten uns schließlich, zukünftig unsere Wanderungen bei der Polizei anzukündigen, damit die Beamten gleich sagen können, dass bei den nackten Wanderern alles in Ordnung sei und sie nichts Unrechtes tun." (Während einer Nacktwanderung im Taunus)
- „In mir wuchs eine Ahnung, dann eine Gewissheit, was wir verloren haben, als wir anfingen, nur noch bekleidet herumzulaufen ..."
- „Als Nacktwanderer trägt man nie unpassende Kleidung."
- „Für mich war das, nach anfänglichen Schwierigkeiten, eine ganz tolle Erfahrung, die ich auf jeden Fall wiederholen möchte."
- „Die Nacktheit wurde im Laufe der Wanderung zunehmend zur Normalität."
- „Ich wurde Teil meiner Umgebung und die Umgebung wurde Teil von mir. Den Wind am ganzen Körper spüren. Die Wärme des Bodens, das Streicheln oder Kratzen der Büsche. Mein Atem ..."
- „Vielen Dank für dieses Erlebnis der Freiheit und Ungezwungenheit."

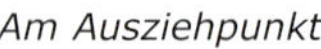

Am Ausziehpunkt

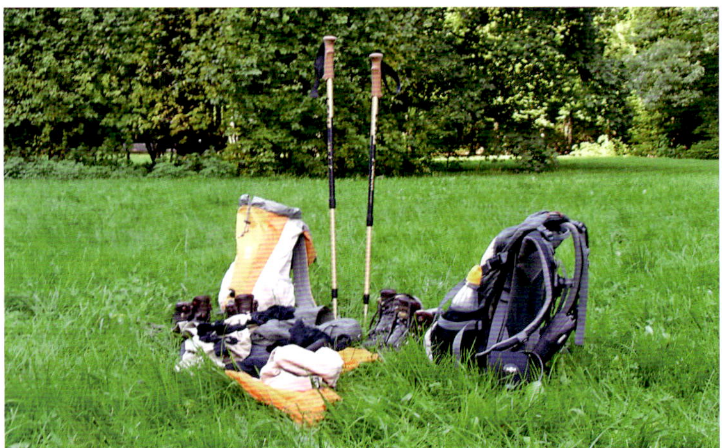

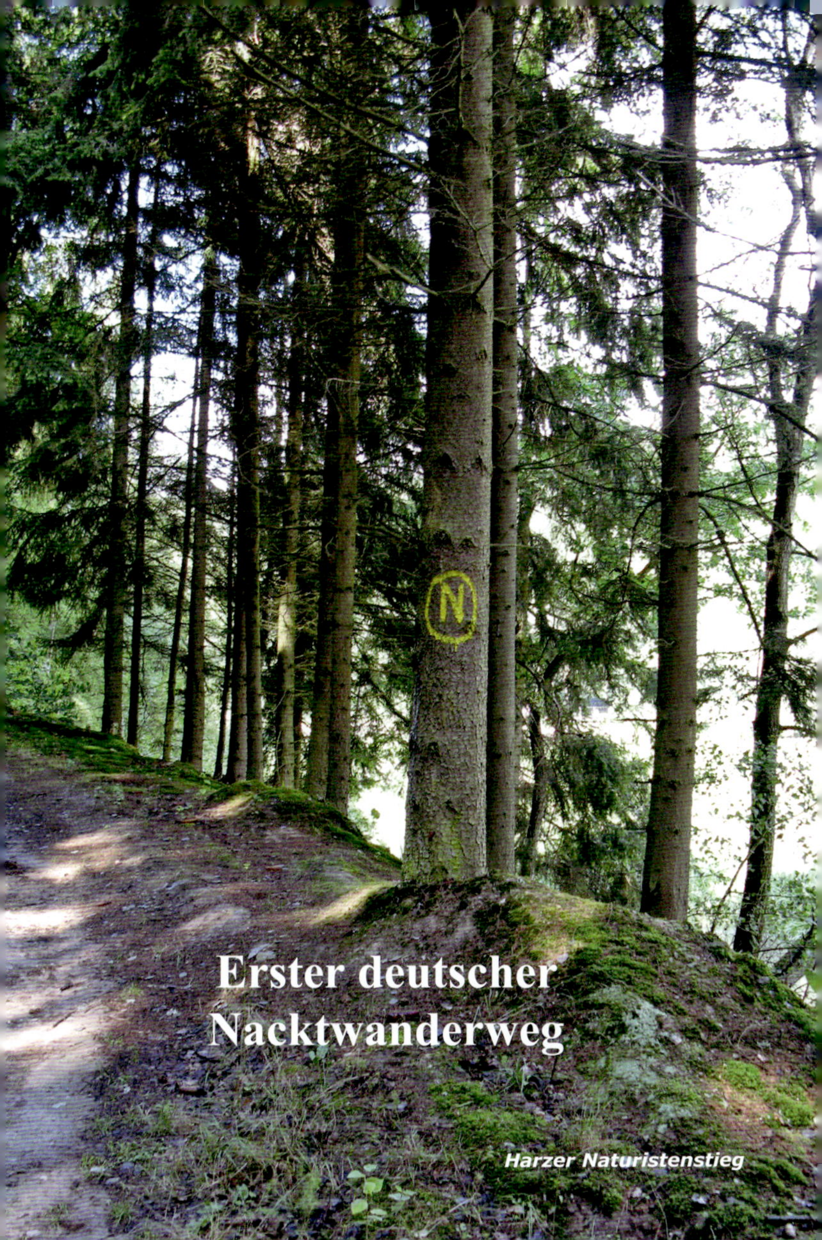
N
Erster deutscher
Nacktwanderweg
Harzer Naturistenstieg

Der Harzer Naturistenstieg

Deutschlands erster offizieller Wanderweg für nackt wandernde Menschen ist im Harz genehmigt und beschildert worden. Der Weg beginnt und endet bei Wippra im idyllischen Tal der Wipper. Der Ort liegt im Schnittpunkt zwischen den Städten Goslar, Leipzig, Erfurt und Magdeburg bei den Koordinaten 🌐 N51 34.347 E11 16.428 (32 U 657571 5715937). Mit dem PKW erreichen Sie den Erholungsort über die Harzhochstraße B242 und aus südlicher Richtung über den ca. 14 km entfernten Autobahnanschluss A38 bei Sangerhausen. Alternativ ist Wippra auch mit der Bahn erreichbar. Seit 1920 fährt die sogenannte Wipperliese vom 20 km entfernten Klostermansfeld bis Wippra. Allerdings ist es von dort noch ein Fußmarsch von ca. 7 km bis zum Start des Naturistenstieges.

💻 www.wipperliese.de

Wipperliese

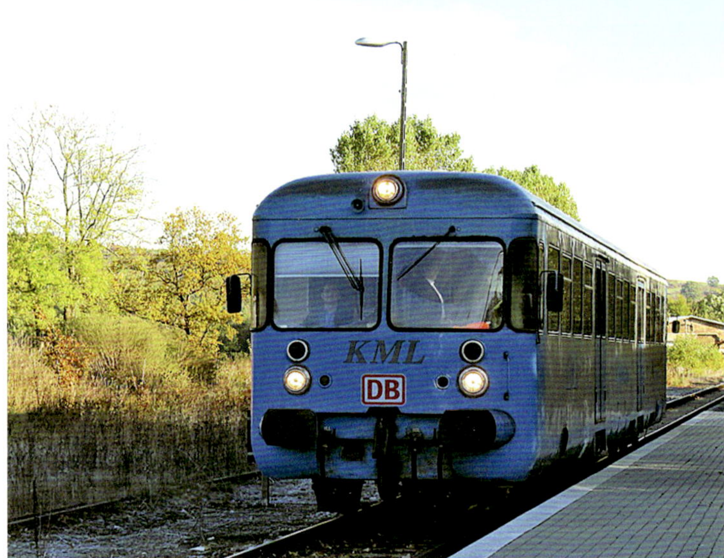

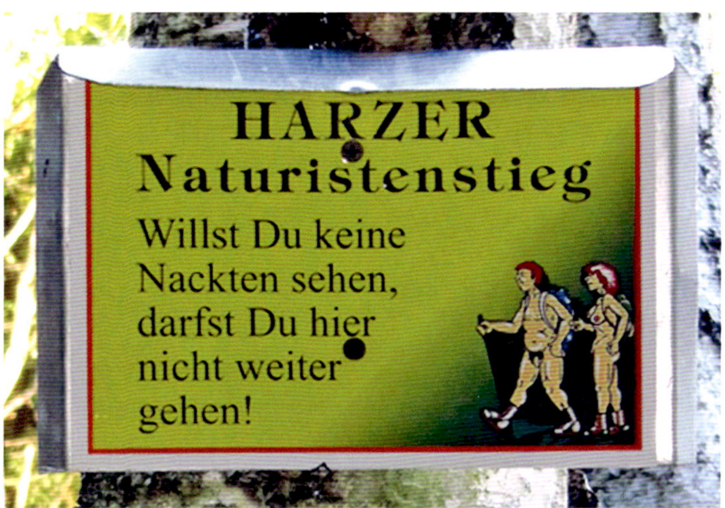

Hier weiß man, was einen erwartet

Geschichte des Naturistenstieges

Die Idee zu einem Nacktwanderweg im Harz wurde am 22. September 2008 geboren. Der Moderator des MDR1 Radio Sachsen-Anhalt, Herr Matthias Gold, führte ein Interview mit dem ehemaligen Geschäftsführer des Harzer Verkehrsverbandes (HVV), Michael Lücke. In diesem Gespräch erfragte Herr Gold die Möglichkeit, im Harz einen Nacktwanderweg zu eröffnen, um mehr Touristen in die schöne Gegend zu locken. Herr Lücke zeigte sich demgegenüber nicht abgeneigt, wollte aber nicht in die Planung und Umsetzung involviert werden. Von diesem Radiobeitrag hörte der Campingplatz- und Hotelbetreiber Heinz Ludwig aus Dankerode und machte sich diese Idee zu eigen, sicher auch in der Hoffnung auf mehr Gäste in seinem Betrieb und der Region. Bereits im Dezember 2008 drangen erste Informationen an die Öffentlichkeit. Das war der Start zu Deutschlands erstem behördlich genehmigten Nacktwanderweg. Im März 2009 saß Herr Ludwig mit dem Bürgermeister, Herrn Manfred Kroll, und Herrn Klaus Leopold vom ortsansässigen Heimatverein zusammen, um ein Konzept auszuarbeiten.

Dabei stellten sie fest, dass mehr als die Hälfte des ursprünglich geplanten Wanderweges in der Zuständigkeit des benachbarten Ortes Wippra liegen würde. Doch auch die Bürgermeisterin von Wippra, Frau Monika Rauhut, und der Gemeinderat hatten nichts gegen die Umsetzung einzuwenden. Ein Jahr nach der Idee lagen alle erforderlichen Genehmigungen vor. Der schwedische Zeichner Börje Fransson – Anhänger der schwedischen Naturistföreningen Bergslagens Solspor (NBS) – lieferte die Grundlage für die Beschilderung des Weges. Neben einem nackt wandernden Pärchen steht die Information: „Willst du keinen Nackten sehen, darfst du hier nicht weiter gehen!"

Als der ursprüngliche Weg zum Teil beschildert war, überhäuften die Weltmedien Herrn Ludwig mit Anfragen, sodass dieser sich vom Weg distanzierte und Frau Rauhut die Zuständigkeit übernahm. Seitdem beginnt und endet der Weg bei Wippra an der Talsperre. Hier wurde der Harzer Naturistenstieg am 29. Mai 2010 von ca. 20 aktiven Nacktwanderern aus dem gesamten Bundesgebiet bei bestem Wanderwetter gegen 11:00 offiziell eröffnet. Dies geschah fast unbemerkt von der Öffentlichkeit, lediglich fünf Reporter wohnten dem Banddurchschnitt bei. Eingeladene Politiker blieben dem Termin fern, da sie nichts Passendes anzuziehen hatten. Die Ehre das Band durchzuschneiden gebührte dem Mitorganisator Horst Kehm – Betreiber der Internetplattform 💻 www.nacktwandern.de. Nach diesem Ereignis erwanderte die Gruppe begleitet von einem der Reporter den Weg nach dem ursprünglichen Wegverlauf. Auch ein Bad im Stausee ließen sich einige nicht nehmen.

Viele Jahre wurde der Weg zur Talsperre und damit zum Beginn des Weges ausgiebig saniert. Eine Anfahrt mit dem Auto war lange Zeit nicht möglich. Leider gab es in der Zeit der Sperrung mehrere Stürme, die zu einem großen Baumwurf geführt haben.

Der Weg

Der Naturistenstieg ist ausgeschildert durch ein gelbes „N" an den Bäumen oder alternativ durch ein gelbes Schild mit Comicfiguren und dem Spruch „Willst du keinen Nackten sehen, darfst du hier nicht weiter gehen". Der Weg startet 550 m von der Wippertalsperre (🌐 N51 33.815 E11 12.093 – 32 U 652959 5715092) entfernt. Sie haben auf dem Weg von Wippra über die Eckhardtstrasse die Möglichkeit, auf drei verschiedenen Parkplätzen zu parken, kurz vor, bei und hinter der Talsperre. Der Parkplatz direkt an der Talsperre hält drei Parkplätze für Behinderte frei. Falls Sie nicht mit dem Auto unterwegs sind, haben Sie die Möglichkeit, mit der Bahn anzureisen. Direkt an der Talsperre erwartet Sie das erste Schild mit dem Verweis auf den Wanderweg.

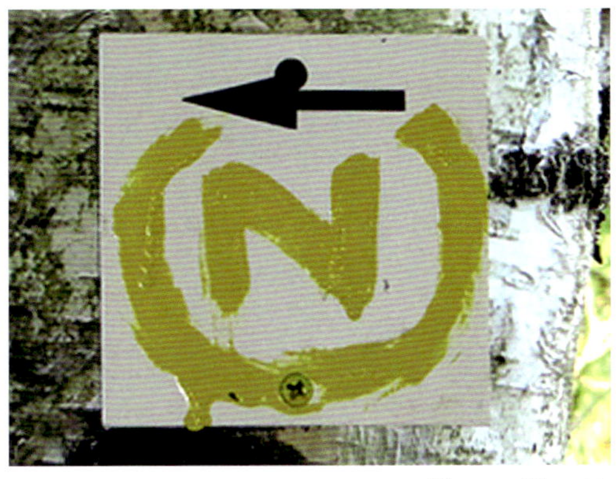

Wegmarkierung

Von dort geht es nach links bis zum 3. Parkplatz, der allerdings nur maximal vier Autos Platz bietet. Der offizielle Anfang des Naturistenstieges und dementsprechend der Ausziehpunkt ist von hier nur noch 300 m entfernt (🌐 N51 33.815 E11 12.093 – 32 U 652595 5714797). Da der Nacktwanderer gerne auf nicht so stark frequentierten Wegen wandert, führt die Wegführung am Schild, welches auf den Anfang hinweist, gleich scharf rechts bergan – weg vom Hauptweg. Nach gut 200 m führt der weitere Wegverlauf nach links. Das Schild dort steht auf der linken Seite und ist aus dem Blickwinkel des Wanderers etwas versteckt. Ab hier folgen Sie dem Weg anhand der Ausschilderung bzw. dem gelben „N".

☺ Eine Karte der Gegend rund um Undeloh/Wippra finden Sie in der vorderen Umschlagklappe.

Der Harz

Der Naturistenstieg liegt im Harz, dem geologisch vielfältigsten Mittelgebirge Deutschlands. Hier finden Sie Schiefer, Kalk, Granit, Gabbro u.v.m. an Gesteinen. Der Harz hat eine Fläche von 2.226 km², ist 30-40 km breit und 110 km lang. Der höchste Gipfel ist der Brocken mit 1.141 m. Im Oberharz wachsen überwiegend Fichten, im Unterharz treffen Sie eher auf Mischwald.

Wippra

Wippra liegt im Schnittpunkt der Städte Goslar – Leipzig und Erfurt – Magdeburg, umringt von Laub- und Nadelwald. Im Tal schlängelt sich idyllisch der Fluss Wipper, dem der Ort seinen Namen verdankt. Von den 4.600 ha Gesamtfläche der Gemarkung sind ca. 3.600 ha Waldgebiet, das zum Wandern einlädt. Wippra ist ein staatlich anerkannter Erholungsort mit vielen Freizeitangeboten

💻 www.wippra-harz.de

Wippraer Brauerei

In der Brauerei wird seit über 500 Jahren Bier gebraut. Neben dem Genuss in der Bierschänke werden Brauereibesichtigungen und Braukurse angeboten. Selbstverständlich können Sie sämtliche Sorten des Bieres in den Gaststätten vor Ort erhalten bzw. kosten.

♦ Traditions- und Museumsbrauerei Wippra, Bottchenbachstraße 1, 06526 Wippra, ☏ 03 47 75/202 05, 💻 www.wippraer-bier.de, 🌐 N51 34.395 E11 16.440 (32 U 657582 5716027)

Wippertalsperre

Früher sicherte die 1952 erbaute Talsperre die Versorgung mit Brauchwasser. Heute dient sie dem Hochwasserschutz. Sie ist erreichbar über den alten Holzabfuhrweg Eckardtstraße in Wippra. Der Talsperren-Wanderweg, beginnend an selbiger, rund um den Stausee umfasst eine Länge von ca. 7 km. Seit dem Jahr 2010 ist an der Talsperre der Naturistenstieg ausgeschildert, welcher 550 m von hier beginnt.

♦ ☏ 03 46 51/38 20, 🌐 N51 33.968 E11 12.416 (32 U 652959 5715092)

Barfußweg

Der Barfußweg beginnt am Parkplatz der Rodelbahn Wippra. Auf 4 km haben Sie die Möglichkeit, eine neue Erfahrung für Ihre Füße zu erleben. Dieser Weg kann auch als Vorbereitung für eine Barfuß-Nacktwanderung dienen.

🌐 N51 34.785 E11 16.929 (32 U 658124 5716767)

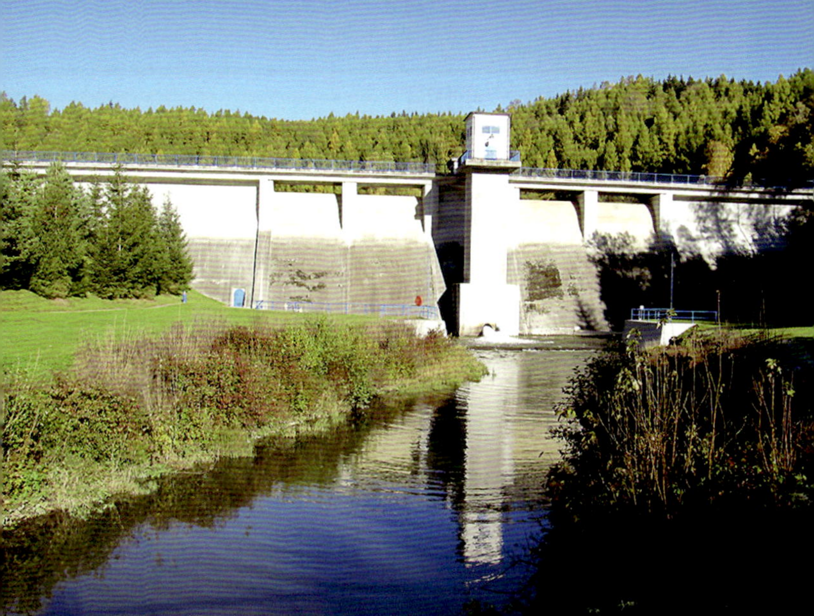

Wippertalsperre

Rodelbahn

Auf der Sommer- und Winterrodelbahn bietet sich die Möglichkeit, auf ca. 1000 m Länge einen großen Rodelspaß zu genießen. Auf einem Höhenunterschied von 150 m und einer maximalen Geschwindigkeit von bis zu 45 km/h ist der Adrenalinspiegel auf Höchstkurs.

♦ Am Wolfstal, Wippra, ☏ 0172 69 45045, 💻 www.wipperia-funkpark.de, 🌐 N51 34.779 E11 16.955 (32 U 658155 5716757), 🚪 täglich von 10:00 bis 19:00 (länger und Nachtfahrten nach Vereinbarung)

Wanderweg E11 und Radfernweg Harz-Saale

Der Wanderweg E11 Niederlande – Harz – Masuren führt u. a. durch Wippra. Radfahrer haben hier auch den Anschluss an den Radfernweg Harz – Saale.

Unterkünfte in Wippra

🛏 **Gasthaus und Hotel Deutsches Haus** mit gutbürgerlicher Küche, fünf Doppelzimmer zwei Mehrbettzimmern und einem Einzelzimmer, Wippraer Bahnhofstr. 2, 06526 Sangerhausen, ☏ 03 47 75/202 84, 💻 www.deutsches-haus-wippra.de, 🌐 N51 34.351 E11 16.409 (32 U 657549 5715943),

Alternativ werden Ihnen Ferienhäuser und Pensionen angeboten:

- 💻 www.ferienanlageharz.de
- 💻 www.wippra-harz.de/unterkuenfte-gewerbe.html

Blick auf Wippra

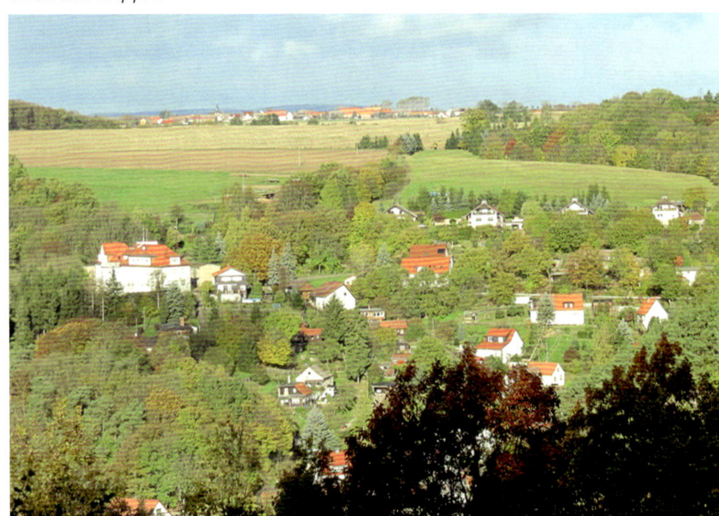

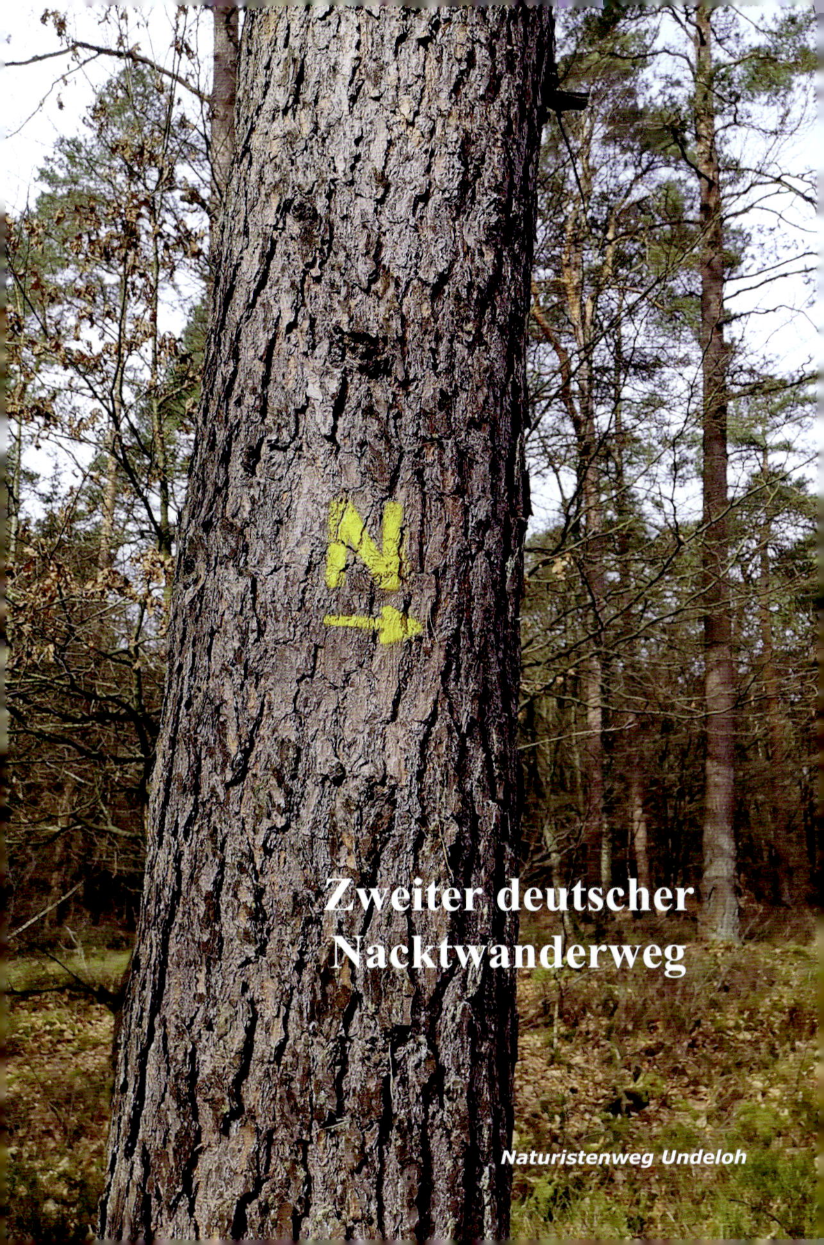
N
Zweiter deutscher
Nacktwanderweg
Naturistenweg Undeloh

Der Naturistenweg Undeloh

Deutschlands zweiter Wanderweg wurde 2012 eröffnet und liegt im Naturschuztgebiet Lüneburger Heide. Undeloh besteht aus sechs Gemeinden: Undeloh, Wesel, Meningen, Thonhof, Heimbuch, Wehlen und bei den Koordinaten N53 13.680 E9 55.255 (32U561476 5898030) Mit dem PKW erreichen Sie den Ort mit seinem dörflichen Charme über die A7, Abfahrt Egesdorf.

☺ Eine Karte der Gegend rund um Undeloh finden Sie in der vorderen Umschlagklappe.

Startschild am Parkplatz

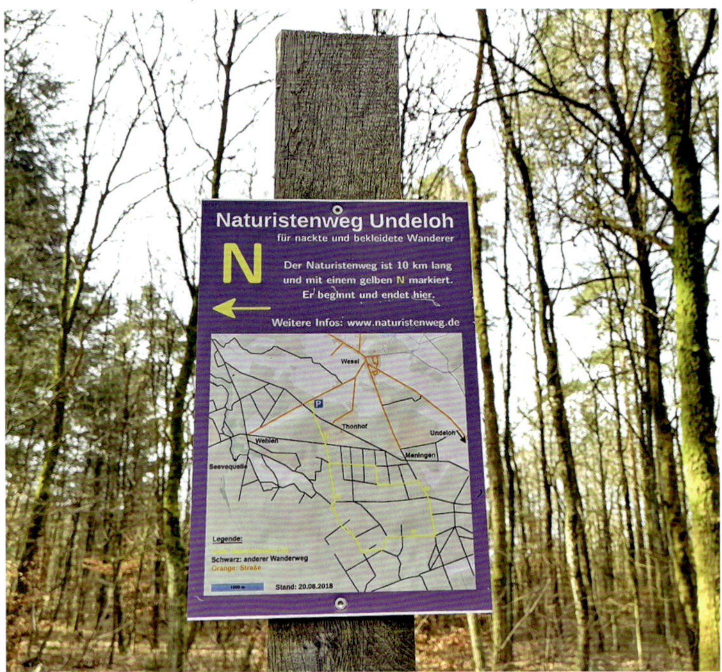

Alternativ ist Undeloh auch mit der Bahn und dem Bus Richtung Eventdorf Brocken, Egesdorf erreichbar. Die Bushaltestelle 🚌 Am Höllenhoff in Wesel (Undeloh) ist am nächsten am Einstieg (ca. 1,7 km).

Weiterhin besteht die Möglichkeit sich ein Fahrrad oder wahlweise ein E-Bike auszuleihen. Hier haben Sie Gelegenheit dazu:

🚲 **Hotel Heiderose**, Wilseder Straße 13, 21274 Undeloh ☏ 041 89/311
💻 www.hotel-heiderose.de

♦ **Ferienhof Heins**, Zur Dorfeiche 12, 21274 Undeloh ☏ 041 89/541
💻 www.ferienhofheins.de

♦ **Heitmanns Hökerladen**, Wilseder Straße 8, 21274 Undeloh ☏ 041 89/203

Der Weg

Der Naturistenweg Undeloh wurde 2012 eröffnet und ist seit 2017 durch ein gelbes "N" an den Bäumen markiert. Der Weg ist gut ausgeschildert und führt auf 10 km über für Barfußläufer geeignete Sand- und Waldböden durch einen Mischwald. Die Wegform erinnert an ein kleines „b". Sollten Sie trotz der markierten Wegführung vom Naturistenweg abkommen und in einen Ort gelangen, nehmen Sie bitte Rücksicht auf die Anwohner und ziehen sich etwas an. Sie befinden sich in dem Naturschutzpark Lüneburger Heide, entsprechende Regeln sind auf einem Schild am Parkplatz nachzulesen und einzuhalten. Meiden Sie den Weg innerhalb der Morgen- und Abenddämmerung, da in dieser Zeit die Jäger unterwegs sind.

Der Weg liegt zwischen den beiden Gemeinden Wehlen und Wesel, ist aber nur über Wesel erreichbar. (N53 13.166 E9 54.017 bzw. 32U570168 5650300). An der Gaststätte Heidelust in Wesel folgen sie der Straße nach links Richtung Wehlen. Nach ca. 1,5 km befindet sich der Parkplatz auf der linken Seite.

Der Naturistenweg Undeloh startet am Ende des Parkplatztes. Er beginnt mit einem kleinen Pfad, der nach 30 m auf einen größeren Weg stößt und weiter nach links führt. An der nächsten Kreuzung in 250 m überqueren Sie den Freudenthalweg und folgen dem gelben "N".

💻 www.naturistenweg.de

Regeln des Naturschutzgebietes Lüneburger Heide

Die Naturschutzbehörden, die Forstdienststellen und der Verein Naturschutzpark e. V. bittet um die Einhaltung geltender Regeln für das Naturschutzgebiet. Für den Erhalt und Schutz der freilebenden Pflanzen- und Tierwelt in der Heide, Wald, Moor und Gewässern sind folgende Regeln einzuhalten:

Wanderern, Radfahrern und Skifahrern ist es untersagt die Wege zu verlassen. Weiterhin dürfen Trampelpfade, Waldschneisen und gesperrte Wege nicht begangen werden. Wer mit dem Pferd unterwegs ist, hat sich auf den dafür gekennzeichneten Wegen aufzuhalten. Ihre Hunde führen Sie bitte an der Leine.

Während der Feuergefahr ist das Rauchen und Feuer anzünden untersagt. Das Campen und Zelten im Naturschutzgebiet sind nicht erlaubt, ebenso wie das Feilhalten von Waren aller Art. Nehmen Sie ihren Müll wieder mit und unterlassen sie alles, was der Natur schädigen könnte.

Naturschutzpark Lüneburger Heide

Bei dem Naturschutzpark handelt es sich um den größten in Niedersachsen und einen der ältesten in Deutschland. Er liegt im Norden der Lüneburger Heide zwischen Buchholz i. d. Nordheide und geht bis an die Grenzen der Hansestadt Lüneburg im Osten, Soltau liegt im Süden und Schneverdingen im Westen. In ihrer Mitte befindet sich die höchste Erhebung mit 169,2 m über NN, der Wilseder Berg. Der Verein Naturparkregion Lüneburger Heide e.V. ist der Träger der größten zusammenhängenden Heidefläche Mitteleuropas.

In der ganzen Lüneburger Heide werden Kutschfahrten angeboten. Diese sind zu jeder Jahreszeit reizvoll und ein Erlebnis für die ganze Familie. Selbstverständlich können Sie in dieser schönen Natur auch selbst reiten. Ein umfangreiches Reitwegenetz lädt sie dazu ein.

💻 www.lueneburger-heide.de

Undeloh

Undeloh liegt inmitten der großartigen und größten zusammenhängenden Heidelandschaft, geprägt von der Besenheide (Calluna vulgaris). Der Ort mit seinen Ortsteilen Wesel, Wehlen, Meningen und Thonhof liegt mitten im Naturschutzgebiet, dem Kerngebiet des Naturparks Lüneburger Heide. Der Ort ist geprägt durch viele historische Gebäude, alte Fachwerkhöfe und urige Findlingsmauern.

Das älteste Gebäude ist die St. Magdalenen Kirche, die 1190 aus Findlingssteinen erbaut wurde. Der extra stehende Glockenturm ist typisch für die Gegend.

💻 www.undeloh.de

ℹ Zur Dorfeiche 27, 27274 Undeloh ☎ 041 89-333

Der Weg

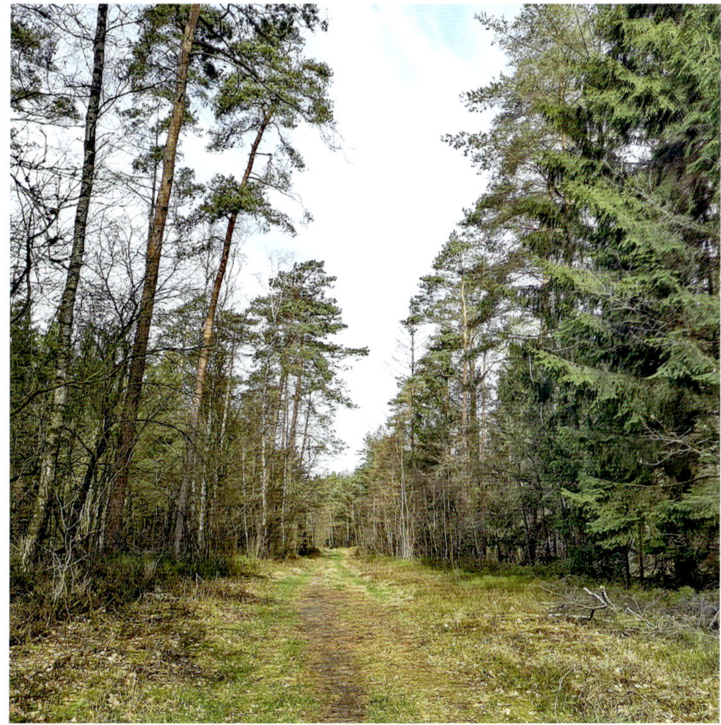

Unterkünfte

- **Hotel Heiderose**, Wilseder Str. 13, 27274 Undeloh ☏ 04 189/311
  www.hotel-heiderose.de
- **Pension Ferienhof Heins**, Zur Dorfeiche 12, 27274 Undeloh ☏ 04 189/541
  www.ferienhofheins.de

Heidschnucke

Diese für diese Gegend typischen Tiere übernehmen einen wichtigen Pflegeauftrag für die Heide. Die genügsame Schafrasse frisst das harte Heidekraut und sorgt damit dafür, dass die Heide nicht so schnell altert und dass Grasflächen und Gehölze nicht Überhand nehmen. Mit viel Glück treffen Sie auf Ihrer Wanderung eine Herde mit ihrem Schäfer an.

Wilseder Berg

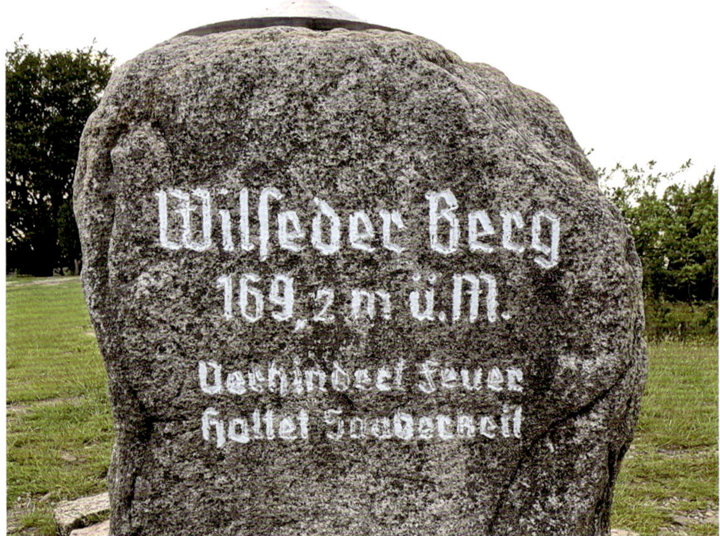

Heidschnuckenweg

Durch Undeloh und Wesel führt dieser mit dem „Qualitätsweg Wanderbarers Deutschland“ ausgezeichnete Premium-Wanderweg. Er hat eine Länge von insgesamt 223 km.

www.heidschnuckenweg.de

Heidelehrweg

Durch typische Landschaftsteile des Naturschutzgebietes Lüneburger Heide führt Sie der Heidelehrweg. Er beginnt in Undeloh am Dorfteich und führt über einen 7,2 km langen Rundweg. Infotafeln erläutern die Merkmale der Kulturlandschaft.

Wilseder Berg

Die höchste Erhebung der nordwestdeutschen Tiefebene und Teil eines Endmoränenzuges ist der Wilseder Berg. Er ist 169,2 m hoch und bildet die Wasserscheide zwischen Elbe, Weser und Aller. Auf dem Gipfel finden Sie einen der Messpunkte des Wissenschaftlers Carl Friedrich Gauß, den er für die trigonometrische Vermessung Preußens benötigte. Von hier können Sie einen schönen Rundblick über die Heide genießen.

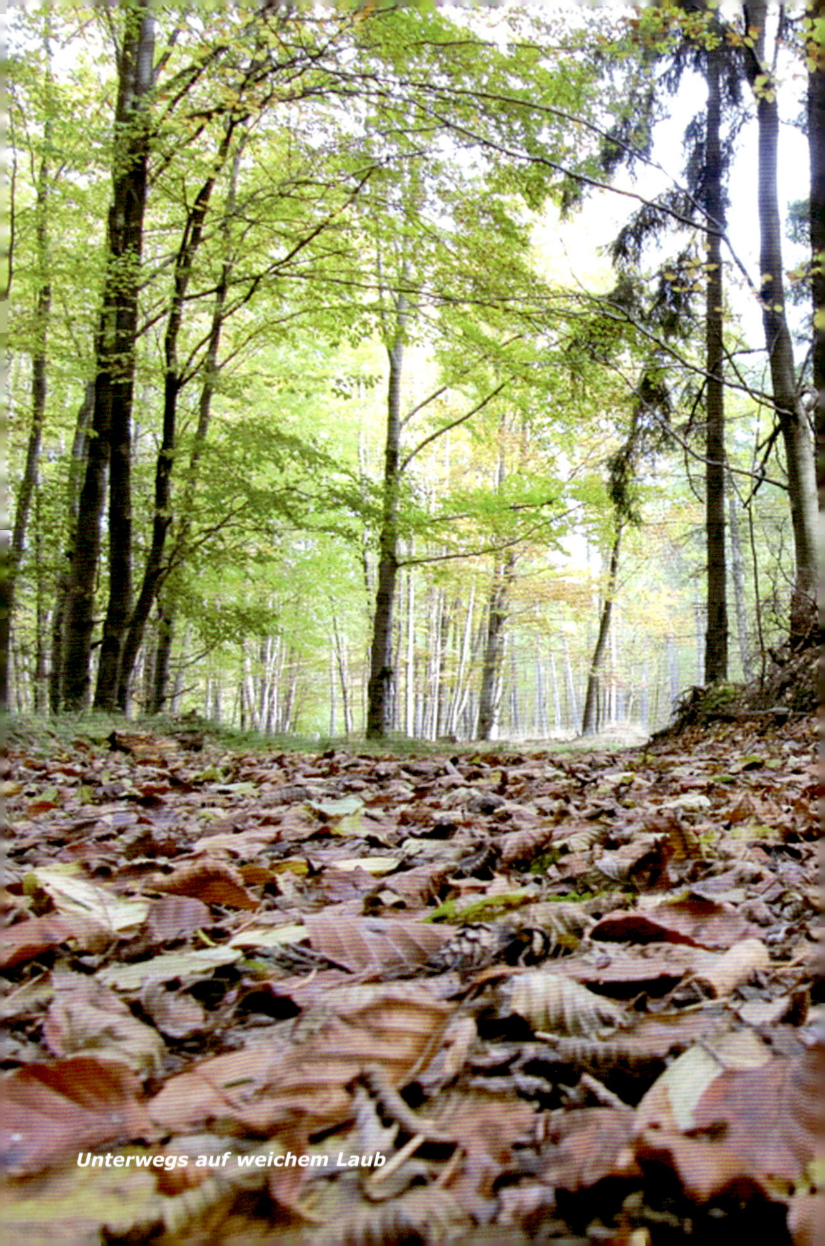
Unterwegs auf weichem Laub

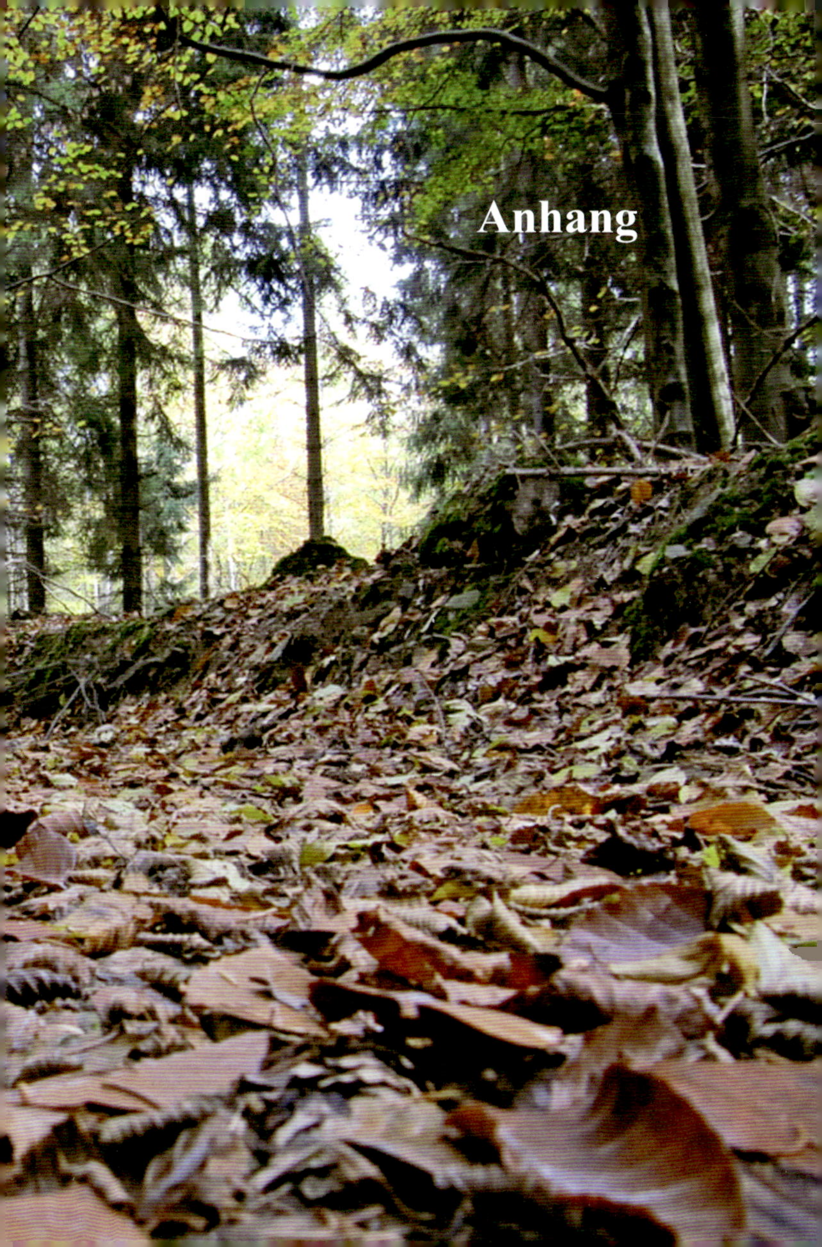
Anhang

FKK im Ausland

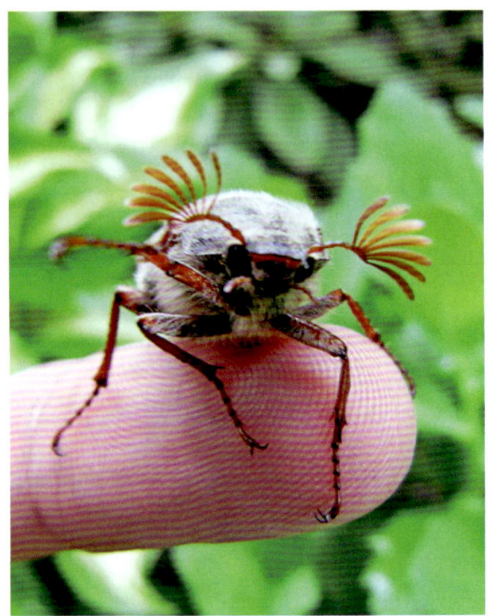

Ein kleiner Wegbegleiter

Für die Planung Ihres FKK-Urlaubs im Ausland gibt es verschiedene Anbieter im Internet. Unter 💻 www.oboena.de, dem größten europäischen Veranstalter für FKK-Urlaub, haben Sie die Möglichkeit, Reisen vom Mittelmeer bis zur Karibik zu buchen. Das Angebot geht über günstige Campingaufenthalte bis zu Luxusreisen im Club-Hotel. Folgende Länder stehen Ihnen u. a. als Reiseziel zur Verfügung: Frankreich, Spanien, Dom. Republik, Griechenland, Italien, Kroatien und Österreich.

Im Jahre 1960 gründeten die Gebrüder Halbig das erste Reisebüro Miramare Reisen in München (💻 www.miramarereisen.de). Sie haben Reisemöglichkeiten in viele Länder. Der Service wird besonders großgeschrieben und die Mitarbeiter haben die Urlaubsziele persönlich besucht. Somit haben Sie eine kleine Auswahl an Anbietern, um Ihren nächsten unbekleideten Urlaub zu planen.

Mirarmare ist der weltweit älteste FKK-Reiseveranstalter und offizieller Reisedienst des Deutschen Verbandes für Freikörperkultur (DFK).

Bedeutende Persönlichkeiten aus der Vergangenheit

▷ **Johann Wolfgang von Goethe** (1749-1832), einer der bedeutendsten Dichter der deutschen Literatur, frönte dem Nacktbaden, wie in Büchern über ihn zu lesen ist.

▷ **Napoleon Bonaparte** (1769-1821) soll laut seinem Bewacher auf der Insel St. Helena nackt unterwegs gewesen sein. Vom Haus bis zur Badestelle und zurück soll er ohne jegliche Bekleidung auch auf frei einsehbaren Wegen gegangen sein.

▷ **Karl-Wilhelm Diefenbach** (1851- 1913) war Sohn eines Malers und malte selbst erfolgreich. Nach einer schweren Typhuserkrankung entdeckte er verschiedene Naturheilmethoden für sich, unter anderem die fleischlose Ernährung. Diefenbach hatte zwei Söhne und eine Tochter. Der Erstgeborene war sehr schwach. Seine Kräfte nahmen jedes Mal zu, wenn er den Sonnenstrahlen ausgesetzt war. Da es den Kindern gut bekam, lebte die Familie Diefenbach daher gerne nackt in der Natur. Doch auch Diefenbach musste sich vor Gericht für diese Lebensweise verantworten.

▷ **Heinrich Pudor** (1865-1943) gilt als einer der Pioniere der Freikörperkultur. Neben Musik hat er noch Philosophie, physiologische Psychologie und Kunstgeschichte studiert. Im Jahr 1890 gründete er seinen eigenen Verlag und brachte 1893 das Buch „Nackende Menschen-Jauchzen der Zukunft" auf den Markt. 13 Jahre später erschien sein dreibändiges Werk „Nacktkultur". Neben diesen Büchern zum Naturismus erschienen von ihm noch zahlreiche Publikationen, u. a. zu Kulturwissenschaften, Sprachwissenschaften und Sozialpolitik.

▷ **Hugo Höppener** (1868-1948) war Schüler von Karl-Wilhelm Diefenbach. Er wurde von ihm Fidus genannt und unter diesem Namen wurde er bekannt. Auch er war Anhänger der Nacktkultur und aß kein Fleisch. Sein berühmtestes Bild malte er 1908 mit dem Titel „Lichtgebet". Dieses Werk zeigt einen nackten, blonden Jungen auf einem Felsen, die Arme dem Licht entgegengestreckt. Dieses Motiv wurde später als Postkarte auf Events verteilt.

▷ **Richard Ungewitter** (1869-1958) soll durch Heinrich Pudor zur Freikörperkultur gekommen sein. Er genoss eine zu dieser Zeit sehr strenge Erziehung und arbeitete als Gehilfe in mehreren Gärtnereien. Er war einer der Ersten in dieser Zeit, der die Öffentlichkeit mit dem Thema

Nacktheit konfrontierte. Einige seiner Gedanken über Lebensform und Lebensreform veröffentlichte er in der Zeitschrift „Kraft und Schönheit". Kurze Zeit später folgte sein Buch „Wieder nackt gewordene Menschen". Doch seinen Durchbruch erreichte sein Werk „Die Nacktheit in entwicklungsgeschichtlicher, gesundheitlicher, moralischer und künstlerischer Beleuchtung", bekannt geworden unter dem kurzen Titel „Die Nacktheit". Da sich die Menschheit in der öffentlichen Moral gestört fühlte, bekam Ungewitter öfter Post von der Staatsanwaltschaft, aber alle Prozesse gingen für ihn gut aus. In der 1908 erschienen Studie „Nackt" widerlegte er die Einwände der Gegner, was wieder für Aufsehen sorgte.

▷ **Hermann Hesse** (1877-1962), Dichter, Schriftsteller und später auch Maler, soll nicht nur nackt gewandert, sondern auch nackt geklettert sein. Hiervon existiert sogar ein Bild. Er wurde in Italien unterrichtet in Nacktlaufen, Meditieren und Fasten.

▷ **Adolf Karl Hubert Koch** (1896-1970) absolvierte eine Lehrerausbildung. Schon während seines Studiums interessierte sich Koch für den Naturismus und begann 1921 eine Gymnastikausbildung an einer Schule für Bewegungsbildung und Körpererziehung. Um die Stimmung und die Gefühle des Nacktseins mit der Bewegung in Einklang zu bringen, turnte und tanzte er nackt. Um andere an dieser Erfahrung teilhaben zu lassen, entwickelte er eine Gymnastik für Kinder.
Da das Interesse sehr groß war, gründete Koch im Jahr 1924 seine Körperkulturschule „Adolf Koch" und das Institut für Freikörperkultur. Der Titel seiner Zeitschrift „Wir sind nackt und nennen uns du" gilt noch heute als Motto unter den Naturisten.

Bekannte Personen aus der Gegenwart

▷ **Beate Uhse-Kölin** (1919-2001) gründete nach dem Zweiten Weltkrieg den ersten Sexshop. Als Kind besuchte sie die Odenwaldschule, wo bereits nacktes Turnen angeboten wurde.

▷ **Wigald Boning** (1967), bekannter TV-Comedian, trainiert gerne nachts nackt, z. B. nach Auftritten, um sich fit zu halten. In seinem Buch „Bekenntnisse eines Nachtsportlers“ schreibt er über sich „Ich bin gerne nackt, gerne absolviere ich auch mein nächtliches Training nackt“.

▷ **Shakira Isabel Mebarak Ripoll** (1977) ist Rocksängerin und hat in einem Interview der Jugendzeitschrift Bravo Folgendes gesagt: „Den ganzen Styling-Stress kann ich mir sparen; wenn ich könnte, würde ich am liebsten nackt leben, so wie Eva im Paradies.“

Sicher gibt es noch viele weitere wichtige Personen, die sich gerne nackt in der Öffentlichkeit bewegen.

Links

Die Autorin erklärt hiermit ausdrücklich, dass zum Zeitpunkt der Linksetzung keine illegalen Inhalte auf den verlinkten Seiten erkennbar waren. Auf die aktuelle und zukünftige Gestaltung, die Inhalte oder die Urheberschaft der verlinkten Seiten hat die Autorin keinerlei Einfluss. Deshalb distanziert sie sich hiermit ausdrücklich von allen Inhalten aller verlinkten Seiten, die nach der Linksetzung verändert wurden.

Links zu den Sportarten

▷ 💻 www.barfusswandern.de Der Barfußwanderer hat auf dieser Internetpräsenz die Möglichkeit, Tipps über die natürlichste Art der Fortbewegung zu erlesen. Es steht hier geschrieben, warum das Barfußwandern so gesund ist.

▷ 💻 www.nacktbaden.de beinhaltet eine Sammlung von Informationen über Nacktbademöglichkeiten in Deutschland von Usern für User.

▷ 💻 www.nacktjoggen.de erzählt von Erlebnisberichten von Nacktjoggern und deren Motivation.

▷ 💻 www.natury.de/kal Der Kalender zeigt Ihnen weit im Voraus geplante Nacktaktivitäten, von der Nacktfete über das Nacktkegeln bis zum Nacktwandern.

▷ 💻 www.nudeyogaberlin.com Die erste Nacktyogaschule Berlins. Sie bietet Männern die Möglichkeit, das Yoga nackt zu erlernen und zu erleben.

- ▷ 💻 www.fkk-freunde.info Das große deutsche FKK-Forum, neben verschiedenen allgemeinen Informationen werden hier auch regelmäßig Veranstaltungen aller Art bekanntgemacht
- ▷ 💻 www.naktiv.net gibt nähere Auskünfte zur „Naked European Walking Tour“, die seit 2005 jährlich stattfindet.
- ▷ 💻 www.barfusspark.info gibt eine Übersicht über verschiedene Barfuß-Parks in Deutschland, Österreich und einigen anderen Ländern.
- ▷ 💻 www.symbioseweb.de/naturism bietet ausreichend Informationen über das Thema Naturismus.
- ▷ 💻 www.nacktwandern.de gibt Auskunft über das Nacktwandern, aktuelle Termine und Rückblicke auf vergangene Wanderungen.
- ▷ 💻 www.nackt-wandern.de Hier haben Sie die Möglichkeit, Erfahrungsberichte und zukünftige Termine zu erlesen.
- ▷ 💻 www.nacktwanderfreunde.de Sonne. Wald. Nackte Menschen ... Diese Worte machen Neugierig auf das Thema.
- ▷ 💻 www.nacktwanderguide.de

Achtsam bei jedem Schritt

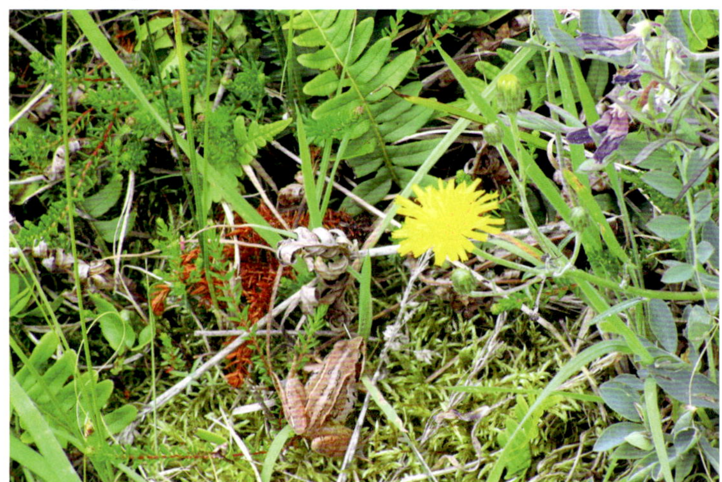

Links zu Wippra

- ▷ www.harzernaturistenstieg.de bietet Informationen zu dem ersten deutschen Nacktwanderweg
- ▷ www.wipperliese.de Sie erhalten Informationen zum Fahrplan der Wipperliese
- ▷ www.wippra-harz.de beschreibt alles Wissenswerte über die idyllische Stadt Wippra.
- ▷ www.wippraer-bier.de Die verschiedenen Biersorten der Brauerei werden vorgestellt und Sie haben die Möglichkeit, sich nach den nächsten Terminen der Bierbraukurse zu erkundigen.
- ▷ www.deutsches-haus-wippra.de Gasthaus mit Hotel in Wippra, gutbürgerliche Küche

Links zu Undeloh

- www.undeloh.de Homepage von Undeloh
- www.naturistenweg.de Hier finden Sie alles Wissenswertes über den zweiten Nacktwanderweg in Deutschland
- www.hotel-heiderose.de Unterkunft in Undeloh
- www.ferienhofheins.de Unterkunft in Undeloh
- www.heidschnuckenweg.de Ein vom deutschen Wanderverband ausgezeichneter Qualitätswanderweg
- www.lueneburger-heide.de Umfangreiche Informationen zur Lüneburger Heide

Weitere Links

- ▷ www.andreas-wehrheim.de Hier finden Sie den Zeichner der Piktogramme aus diesem Buch
- ▷ www.zecken.de Auf der Zeckenseite haben Sie die Möglichkeit, die PLZ Ihres Wohnortes oder Urlaubszieles einzugeben, und bekommen eine Information über die in der Region gemeldeten FSME-Erkrankungen sowie eine Impfempfehlung.
- ▷ www.dfk.org Deutscher Verband für Freikörperkultur, hier bekommen Sie sämtliche Adressen von FKK-Vereinen
- ▷ www.inf-fni.org lautet die Homepage der Internationalen Naturisten Föderation. Hier handelt es sich um eine Organisation von Naturistenverbänden aus 40 Ländern.
- ▷ www.fkk-jugend.de informiert über den etwas anderen Sportverband für Kinder und Jugendliche zwischen 6 und 27 Jahren.

- ▷ 🖳 www.barfuss-leguano.de stellt eine Socke mit einer sicheren Sohle für das Barfußwandern vor.
- ▷ 🖳 www.feelmax.com Mit diesem Schuh können Sie das Barfußgefühl sicher genießen.
- ▷ 🖳 www.vibram-fivefingers.com Bekannter Anbieter für Barfußschuhe
- ▷ 🖳 www.sole-runner.com Weiterer Anbieter von Barfußschuhen

Zitate

- ▷ **Johann Wolfgang von Goethe** (1749-1832)
  „Der Mensch ohne Hülle ist erst der Mensch. Dem Reinen ist alles rein – warum nicht die unmittelbare Absicht Gottes in der Natur?“
- ▷ **Heinrich Heine** (1797-1856), deutscher Dichter und Journalist
  „Wenn wir es recht überdenken, so stecken wir doch alle nackt in unseren Kleidern.“
- ▷ **Vincent van Gogh** (1853-1890), niederländischer Maler
  „Wenn man die Natur wahrhaft liebt, so findet man es überall schön.“
- ▷ **Dr. Magnus Hirschfeld** (1868-1935)
  „Der nackte Mensch ist nicht ausgezogen – er ist nicht angezogen.“
- ▷ **Bertrand Russell** (1872-1970), Mathematiker, Pädagoge und Philosoph
  „Solange Kinder nicht auch bisweilen erwachsene Menschen nackt sehen dürfen, müssen die Kinder zwangsläufig das Gefühl haben, dass da ein Geheimnis ist, und wenn sie dieses Gefühl haben, werden sie aufgereizt und unanständig.“
- ▷ **Anker Larsen** (1874-1957)
  „Es gehört Mut dazu, nichts anderes anzuhaben, als was wir selbst sind.“
- ▷ **Konrad Adenauer** (1876-1967), Bundeskanzler von Deutschland
  „Nehmen Sie die Menschen, wie sie sind, andere gibt's nicht.“
- ▷ **Hans W. Fischer** (1876-1945)
  „Nackt sein; die eigene Oberfläche spüren, Gefühl haben der eigenen Haut: Wahrlich, ungebildet ist, wer diesen Genuss nicht kennt. Schon angezogen bekommt man zuweilen einen Vorgeschmack. Etwa, wenn schwere Gewittertropfen einzeln durch die Kleider schlagen.“ Und weiter: „Wir werfen mit den Kleidern zugleich alle Absichten und Erwägungen von uns und genießen in Unbefangenheit, was uns guttut. Von der Sohle auf

steigt das Frohgefühl, wenn der Fuß in tauiges Gras tritt, den elastischen Widerstand jedes Halmes spürend." Auszug aus dem Buch „Das Schlemmerparadies"

▷ **Hermann Hesse** (1877-1962)
„Wo befreundete Wege zusammenlaufen, da sieht die Welt für eine Stunde wie Heimat aus."

▷ **Kurt Tucholsky** (1890-1935)
„Mit dem nackten Körper stets den Begriff der Erotik zu verbinden, das ist ungefähr so intelligent, wie beim Mund stets ans Essen zu denken."

▷ **Adolf Koch** (1896-1970)
„Wir sind nackt und nennen uns du."

▷ **Josephine Baker** (1906-1975), französische Tänzerin und Sängerin
„Ich war nicht wirklich nackt. Ich hatte nur keine Kleider an."

▷ **Alain Daniélou** (1907-1994), Religionswissenschaftler und Hinduist
„Nacktheit ist gleichbedeutend mit Freiheit, Tugend, Wahrheit und Gesundheit."

▷ **Alexander Solschenizyn** (1918-2008), russischer Schriftsteller
„Jede menschliche Gemeinschaft gewinnt Bedeutung durch das, was einer im anderen sieht, benennt, erweckt

▷ **Papst Johannes Paul II**, mit bürgerlichem Namen Karol Józef Wojtyla (1920-2005)
„Weil Gott ihn geschaffen hat, kann der menschliche Körper nackt und unbedeckt bleiben und bewahrt unberührt seinen Glanz und seine Schönheit. Sexueller Anstand kann also nicht einfach irgendwie identifiziert werden mit der Verwendung von Kleidung, noch Schamlosigkeit mit der Abwesenheit von Kleidung und totaler oder teilweiser Nacktheit. Es gibt Umstände, unter denen Nacktheit nicht unanständig ist [...] Nacktheit als solche darf nicht gleichgesetzt werden mit physischer Schamlosigkeit. Unanständigkeit ist nur gegeben, wenn Nacktheit eine negative Rolle in Hinsicht auf den Wert einer Person spielt [...] Der menschliche Körper ist nicht an sich beschämend, noch sind es sinnliche Reaktionen aus demselben Grund und menschliche Sinnlichkeit im Allgemeinen. Schamlosigkeit (genau wie Scham und Anstand) ist eine Funktion des Inneren der Person."

▷ **Wigald Andreas Boning** (1967), aus „Bekenntnisse eines Nachtsportlers" „Meine Freude am Nacktsein beschränkt sich jedoch nicht nur auf die eigenen vier Wände. Halte ich mich etwa in Köln auf und komme von Fernsehaufnahmen ins Hotel, dauert es knappe 20 Sekunden, und ich bin enttextiliert. Gerne absolviere ich dann auch mein nächtliches Training unbekleidet. Ich bin dann sozusagen nicht nur Nacht-, sondern auch Nacktsportler."

▷ **Unbekannter Verfasser**
„Kleider machen Leute. Ohne Kleider sind wir Menschen"

▷ **Aufschrift der Schilder auf dem Naturistenstieg im Harz:**
„Willst du keinen Nackten sehen, darfst du hier nicht weiter gehen."

Begriffe näher erklärt

Anziehpunkt – Der Anziehpunkt ist analog zum Ausziehpunkt der Platz, an dem die Nacktwanderer vereinbart haben, sich ihre Kleidungsstücke wieder anzuziehen, um bekleidet bis zum Parkplatz zu gehen. Der Anziehpunkt kann sich auch vor einer Pause in einer Lokalität befinden.

Ausziehpunkt – Als Ausziehpunkt bezeichnen Nacktwanderer die Stelle, an der sie sich der Kleidung entledigen. Der Treffpunkt, meistens ein Parkplatz, befindet sich ggf. ein paar Hundert Meter vom Ausziehpunkt entfernt. Wir nehmen Rücksicht auf die Textilwanderer, indem wir mit dem Ausziehen bis zum Ausziehpunkt warten.

Barfußwandern – Das Barfußwandern bezeichnet die Wanderung ohne Schuhwerk. Doch dies ist nicht einfach von heute auf morgen praktizierbar. Die Füße wollen für eine Wanderung ohne Schutz vorbereitet werden. Das Bewegen ohne Schuhe setzt einen anderen Ablauf der Gehbewegung voraus. Auf Barfußpfaden besteht die Möglichkeit, das Laufen zu üben.

DFK (Deutscher Verband für Freikörperkultur) — Der Verband vertritt alle in Deutschland organisierten Naturisten (Vereine) und ist Mitglied in der Internationalen Naturisten Förderation (INF) und dem Deutschen Olympischen Sport Bund (DOSB). 💻 www.dfk.org

FKK – Ausgeschrieben heißt die Abkürzung Freikörperkultur, früher Nacktkultur, und ist eine Lebenseinstellung, die sich mit der Zeit entwickelt hat. Damals ging diese mit dem Verlust von Genüssen wie Alkohol, Nikotin und Fleisch einher. Heute dient die Freikörperkultur als Überbegriff für verschiedene nackt ausgeführte Tätigkeiten. Hierzu zählen sonnen, saunieren, aber auch sämtliche Sportarten.

INF (Internationale Naturisten Förderation) – ist eine Organisation von Mitgliedern aus über 40 Ländern, Förderationen und Korrespondenten. Sie dient u. a. dazu, den Naturismus in der Öffentlichkeit zu vertreten und zu verbessern.

www.inf-fni.org

Nacktkultur – älteres Wort für Freikörperkultur

Nacktsport – Alle sportliche Tätigkeiten, die Sie nackt ausführen können, zählen zu den Nacktsportarten. Einige sind weit verbreitet, andere werden gerade erst populär.

Schönheiten am Wegesrand

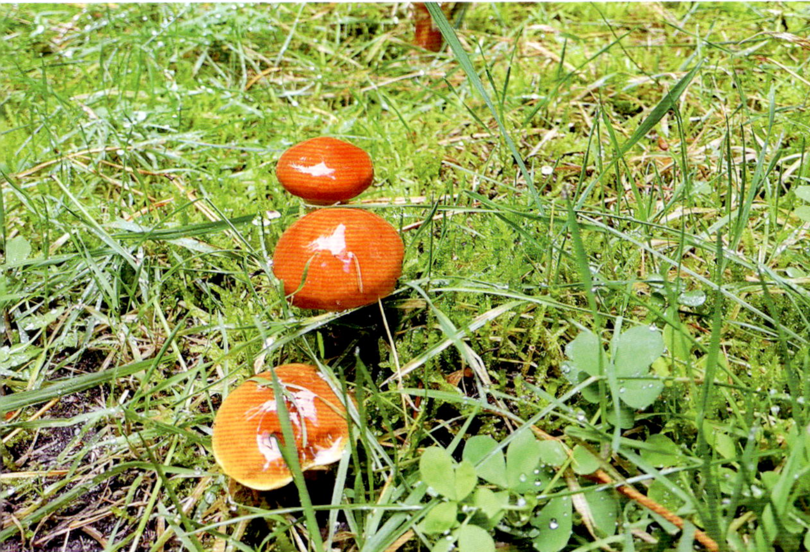

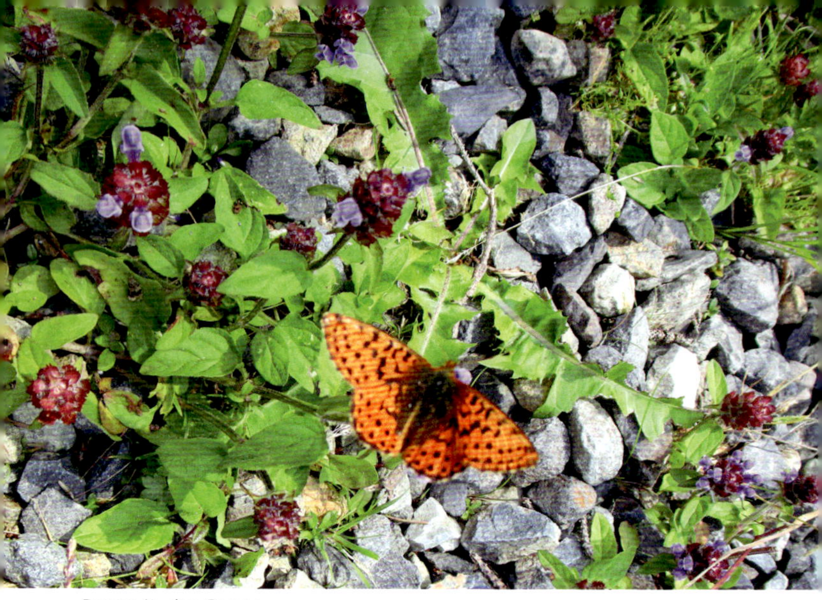

Pause in der Sonne

Nacktiv – Hier handelt es sich um eine Wortkreation aus den Wörtern nackt und aktiv. Nacktiv sind die Nacktsportarten, aber auch Aktivitäten in den eigenen vier Wänden können nacktiv sein.

Naturismus?

Die internationale Naturisten-Förderation (💻 www.inf-fni.org) hat den Begriff Naturismus mit folgenden Worten sehr gut beschrieben: „Sie (diese Lebensweise) kommt zum Ausdruck in der gemeinschaftlichen Nacktheit, verbunden mit Selbstachtung sowie Respektierung der Andersdenkenden und der Umwelt. Gemeinschaftliche Nacktheit ist ein essentielles Kennzeichen des Naturismus, der die Naturelemente Sonne, Luft und Wasser völlig auswertet. Der Naturismus stellt das physische und psychische Gleichgewicht wieder her, indem er Erholung in einer natürlichen Umgebung bringt, durch Bewegung und Respekt für die Grundprinzipien von Gesundheits- und Ernährungslehre. Der Naturismus fördert viele Aktivitäten, die die Kreativität entwickeln. Völlige Nacktheit ist der geeignetste ‚Anzug', um eine Rückkehr zur Natur zu verwirklichen und ist mit Sicherheit der sichtbarste Aspekt des Naturismus, auch wenn sie nicht der Einzige ist. Sie hat eine ausgleichende Wirkung auf Menschen, indem sie sie von Spannungen befreit, die durch Tabus und Provokationen der heutigen Gesellschaft verursacht sind, und den Weg zu einer einfacheren, gesunderen und menschlicheren Lebensweise zeigt." (Definition der Internationale Naturisten Föderation (INF-FNI) vom Weltkongress Cap d'Agde, 1974).

Für die Ausübung des Naturismus ist es eine Grundvoraussetzung, eine positive Einstellung zu seinem eigenen Körper mitzubringen. Der Naturist liebt es, wie der Name bereits vermuten lässt, sich in der Natur zu bewegen, bzw. ein Teil von ihr zu werden (Lat. natura – Natur). Nacktheit fühlt sich in der Natur noch natürlicher an.

Nudismus?

Im Gegensatz zu dem Naturismus ist der Nudist gerne nackt ohne einen Bezug zu der Natur. Der Begriff Nudismus leitet sich aus dem lateinischen Wort „nudus" ab und bedeutet „nackt". Die Nudisten lieben es, zu jeder Tageszeit und bei jeder Gelegenheit nackt zu sein. Primäres Ziel ist ganz und gar die Nacktheit ohne weitere Bezüge zu bestimmten Lebenseinstellungen. Da gewisse Orte das Nacktsein ausschließen, wie z. B. Städte oder öffentliche Orte, nutzt der Nudist in erster Linie seine eigenen vier Wände, Privatgrundstücke, FKK-Gebiete und -Vereine.

Lichtkleid – ein anderes Wort für die Nacktheit, das Licht der Sonne kleidet den Körper

Textilwanderer – Im Gegensatz zu den Nacktwanderern haben Textilwanderer Kleidungsstücke an ihren Körper. Die meisten Menschen von Ihnen sind wahrscheinlich Textilwanderer, aber ggf. haben Sie sich für dieses Buch entschieden, um demnächst ohne Kleidung zu wandern.

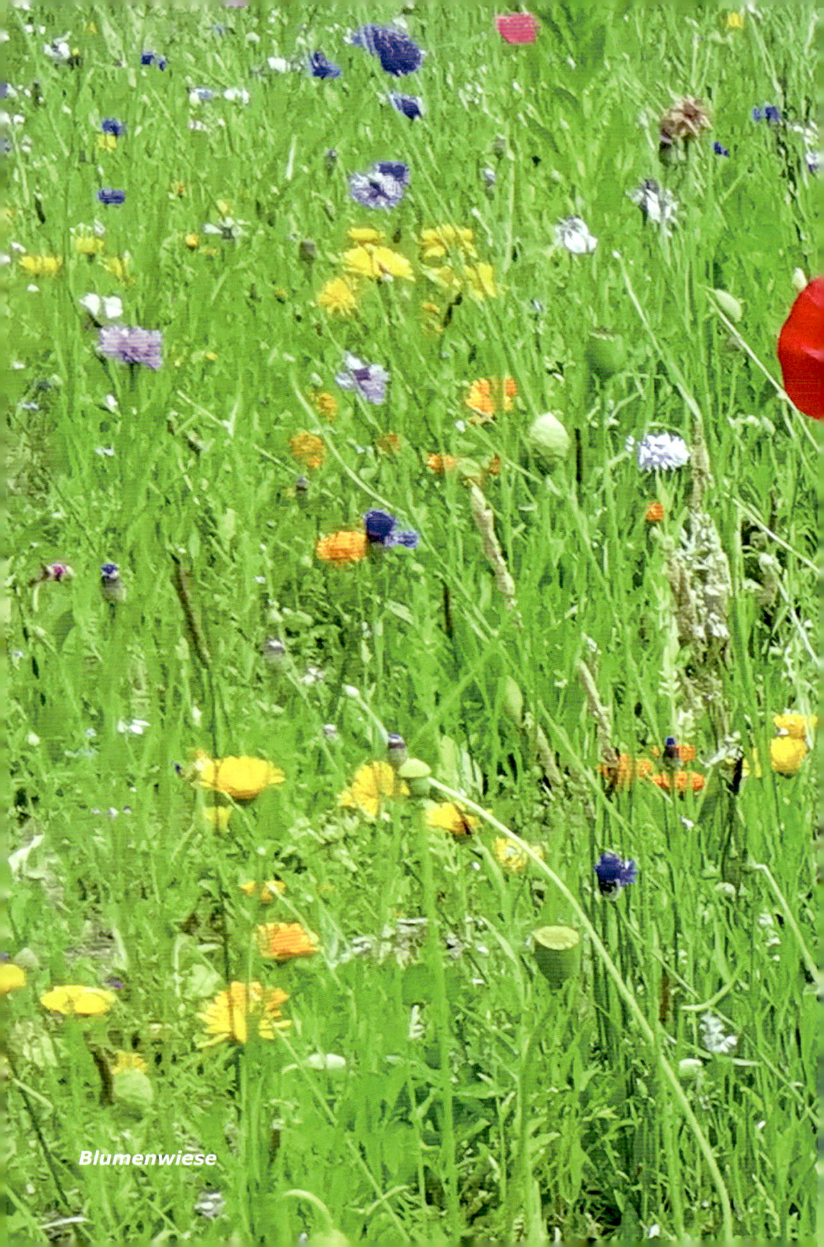

Blumenwiese

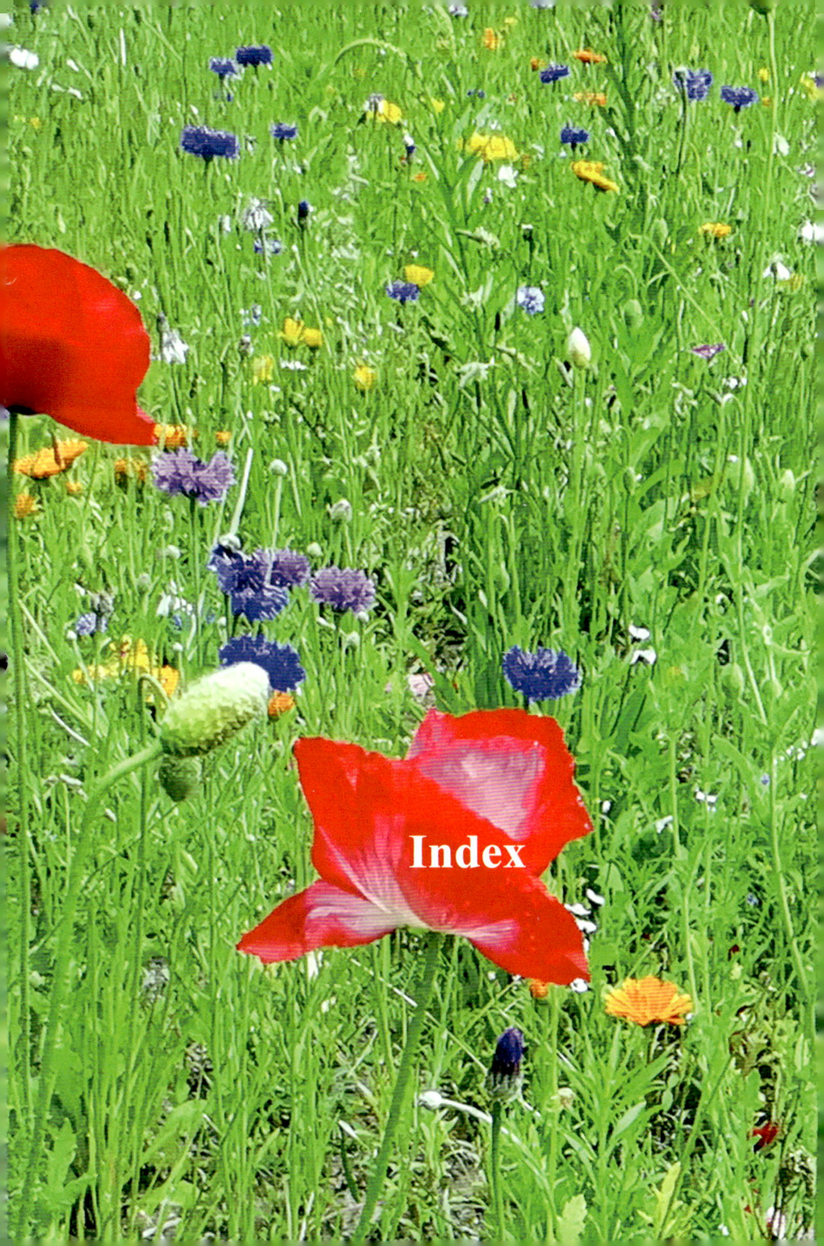
Index

M

N

O

P

R

S

T

U

V

W

Z